Kohlhammer

Perspektiven auf Gesellschaft und Politik

Herausgegeben von Thomas Hauser, Prof. Dr. Tanjev Schultz, Prof. Dr. Guido Spars und Prof. Dr. Daniela Winkler

Bisher in der Reihe erschienen:

Tanjev Schultz (Hrsg.):
Was darf man sagen? Meinungsfreiheit im Zeitalter des Populismus; 2020, 176 Seiten, € 17, ISBN: 978-3-17-038304-3

Stefan Iskan (Hrsg.):
Corona in Deutschland. Die Folgen für Wirtschaft, Gesellschaft und Politik; 2020, 174 Seiten, € 18, ISBN: 978-3-17-039608-1

Tanjev Schultz (Hrsg.):
Auf dem rechten Auge blind? Rechtsextremismus in Deutschland; 2021, 148 Seiten, € 17, ISBN: 978-3-17-040064-1

Guido Spars (Hrsg.):
Wohnungsfrage 3.0; 2021, 217 Seiten, € 19, ISBN: 978-3-17-040176-1

Thomas Hauser/Philippe Merz (Hrsg.):
Vom Bürger zum Konsumenten. Wie die Ökonomisierung unser Leben verändert; 2021, 172 Seiten; € 17; ISBN: 978-3-17-038300-5

Daniela Winkler (Hrsg.)

Klimawandel – Klimakrise – Klimakollaps

Verlag W. Kohlhammer

Ein Teil des Beitrags »Anpassung an den Klimawandel in Deutschland« entstand im Rahmen des Projektes »Urbane Resilienz gegenüber extremen Wetterereignissen – Typologien und Transfer von Anpassungsstrategien in kleinen Großstädten und Mittelstädten« (ExTrass), das vom Bundesministerium für Bildung und Forschung gefördert wird (Förderkennzeichen: 01LR1709A, 01LR1709A1).

1. Auflage 2021

Gesamtherstellung: W. Kohlhammer GmbH, Stuttgart

Print:
ISBN 978-3-17-038312-8

E-Book-Formate:
pdf: ISBN 978-3-17-038313-5
epub: ISBN 978-3-17-038314-2
kf8: ISBN 978-3-17-038315-9

Inhalt

Umgang mit einer Menschheitskrise. Zur Einführung

Daniela Winkler

Dass es einen menschengemachten Klimawandel gibt, der in näherer oder fernerer Zukunft in einem heute vermutlich noch nicht vorstellbaren Ausmaß auf die Lebensverhältnisse der Menschen einwirken wird, *kann* nicht mehr ernsthaft bestritten werden – und doch *wird* diese Entwicklung bestritten oder zumindest *verharmlost, ignoriert oder relativiert.* Und dies sowohl von Bürgern, die eine Beeinträchtigung ihrer Freiheitsrechte, ihres ökonomischen Status oder ihres Weltbildes befürchten, als auch von Politikern, die sich diese abwehrende Haltung aus verschiedensten Zwecken zu eigen machen.

Auf den ersten Blick überrascht diese Erkenntnis, nicht jedoch bei näherer Analyse der verschiedenen soziologischen, politikwissenschaftlichen und demokratietheoretischen Hintergründe, die der vorliegende Band beleuchtet.

Über die wissenschaftlichen Hintergründe und die Reichweite der aufziehenden Klimakrise ist nur eine Minderheit umfassend informiert. So werden nach dem 5. Weltklimabericht des *IPCC* (*Intergovernmental Panel on Climate Change*) die Folgen des Klimawandels deutlich schlimmer ausfallen als noch vor kurzem befürchtet: »Continued emission of greenhouse gases will cause further warming and long-lasting changes in all components of the climate system, increasing the likelihood of severe, pervasive and irreversible impacts for people and ecosystems« (IPCC 2015, 56). Nach allen zugrunde gelegten Szenarien wird die Durchschnittstemperatur im Laufe des 21. Jahrhunderts erkennbar ansteigen. Hitzewellen und Extremwetterereignisse werden hierdurch häufiger und intensiver auftreten. Hinzu tritt eine kontinuierliche Erwärmung der Ozeane und ein Anstieg des Meeresspiegels. Diese Auswirkungen können nur durch substanzielle und nachhaltige Reduktionen der Treibhausgasemissionen begrenzt werden. Auch wenn die menschlichen Treibhausgasemissionen auf Null reduziert würden, werden sich die Auswirkungen der bisherigen Emissionen noch über Jahrhunderte manifestieren (zu den Hintergründen und Auswirkungen noch ausführlich der Beitrag von *Reinhard Zellner*).

Ein Ende des vergangenen Jahres veröffentlichter Bericht der renommierten naturwissenschaftlichen Fachzeitschrift *Nature* beschreibt eindringlich, welche Folgen das Erreichen globaler Kipppunkte mit sich bringen wird. Unter *Kipppunkten* (»tipping points«) versteht man jene klimarelevanten Veränderungen, welche – unabhängig von menschlicher Einflussnahme – die globale Erwärmung unumkehrbar vorantreiben werden. Kipppunkte sind insbesondere das Austrocknen des Amazonas-Regenwaldes, die Verlangsamung des Golfstroms, die Zerstörung der borealen Wälder, das Absterben der Korallenriffe, der Rückgang des arktischen Meereises, das Abschmelzen des Eisschilds Grönlands, der West- und Ost-Antarktis sowie das Auftauen der Permafrostböden. Jede dieser Veränderungen zieht unabweisbar andere – die Klimakrise anheizende – Entwicklungen nach sich. Sollten also einzelne Kipppunkte überschritten werden, könnte das nicht nur ganze Ökosysteme zerstören, sondern auch andere gefährdete Systeme zum Kippen bringen und hierdurch die Erde in eine Heißzeit überführen, deren Temperatur um mehrere Grad über der heutigen Temperatur liegen würde.

Aktuelle Messungen haben ergeben, dass das arktische Polareis in einer Geschwindigkeit schmilzt, dass die Arktis voraussichtlich nicht – wie bislang vermutet – 2050, sondern schon ab 2035 im Sommer komplett eisfrei sein wird. Hierdurch gelangen große Mengen Süßwasser in den Nordatlantik. Die daraus resultierende Senkung des lokalen Meersalzgehalts und die Abkühlung des Atlantiks verlangsamt das atlantische Strömungssystem. Zu diesem System zählt auch der Golfstrom, der für das ausgeglichene Klima in Kontinentaleuropa verantwortlich ist. Seit den 1950er-Jahren hat sich dieser bereits um 15 % verlangsamt, was sich wiederum auf die Regenhäufigkeit im Amazonasregenwald auswirkt. Eine Austrocknung des Regenwaldes könnte die Folge sein.

Nach heutigem Wissensstand könnte eine Beschränkung der globalen Erwärmung auf 1,5 °C die globalen Veränderungen abbremsen und so größere Anpassungschancen für menschliche und ökologische Systeme bieten. Das Pariser Klimaabkommen, welches von 196 Staaten und der Europäischen Union unterzeichnet wurde, sieht daher die Begrenzung der globalen Erwärmung auf deutlich unter 2 °C gegenüber vorindustriellen Werten vor. Ob diese Begrenzung ausreicht, um irreversible Rückkopplungen durch Kippelemente im Erdsystem sicher zu verhindern, ist allerdings fraglich: Einzelne wissenschaftliche Studien bezweifeln dies bereits. Auch der Sonderbericht des IPCC von 2018 warnt in diesem Zusammenhang vor irreversiblen Folgen, namentlich vor der weiteren Zunahme von Hitzeextremen, Starkniederschlägen und Dürren sowie einer zusätzlichen Erhöhung des Meeresspiegels. Zugleich wurde durch menschliche Aktivitäten schon jetzt eine Erwärmung von 1,0 °C gegenüber dem vorindustriellen Niveau verursacht. Bereits 2030 kann bei derzeitiger Entwicklung eine globale Erwärmung von 1,5 °C erreicht werden. Die Einhaltung des (möglicherweise ohnehin unzureichenden) 1,5 °C-Ziels ist daher bereits heute mehr als fraglich.

Dass der menschliche Raubbau an der Natur nicht unendlich fortzuführen ist, zeichnet sich schon seit Jahrzehnten ab. Bereits 1972 erklärte der *Club of Rome* (ein 1968 gegründetes interdisziplinäres Expertengremium), dass eine weiter fortschreitende Ausbeutung der Natur diese im Laufe der kommenden hundert Jahre an die Grenze ihrer Belastbarkeit bringen würde. Welche Folgen der übermäßige CO_2-Ausstoß für Klima und Temperaturen haben wird, haben große Energiekonzerne schon in den 80er-Jahren weitgehend richtig vorhergesagt. So gesehen stellt sich die Frage, warum der nahenden Katastrophe in weiten Teilen von Politik und Gesellschaft ungerührt ins Auge geblickt wird. Warum ist bis heute nichts Entscheidendes geschehen? Warum basiert unser Wirtschafts- und Lebenssystem immer noch weitgehend auf Erdöl und Erdgas? Warum üben sich Politiker eher im Nichtstun, in der Hoffnung auf »technische Innovationen«, als nachhaltig auf die anstehenden Herausforderungen zu reagieren? Warum lassen sich die Menschen mit vielfältigen Versprechen und Ausflüchten abspeisen?

Angesichts der potenziell existenzbedrohenden Auswirkungen mag diese Beobachtung überraschen. Im Folgenden wird daher der Versuch unternommen, mögliche Gründe hierfür zu identifizieren:

Die konkreten Auswirkungen der Klimakrise werden von Politik und Gesellschaft weitgehend verdrängt: »Es wird künftig ein bisschen wärmer. Na und? Ich mag laue Sommernächte.« Was aber mit der globalen Erwärmung an konkreten Auswirkungen – und zwar nicht nur meteorologisch und ökologisch, sondern auch ökonomisch oder sozial (zum Thema »Klimaflüchtlinge« noch der Beitrag von *Joachim Oltmer* in diesem Band) – verbunden ist, wissen die wenigsten. Klimaschutz wird immer noch als »Nischenthema« verstanden. Die Forderung, im öffentlich-rechtlichen Rundfunk im Rahmen einer Sendung »Klima vor acht« verstärkt Hintergründe und Folgen der Klimakrise zu thematisieren, wird u. a. von Christoph Schmidt, Geschäftsführer Vorabend bei

@ARD_Presse, mit dem Hinweis abgelehnt, dass Klimaschutz zwar »ein hehres und richtiges Ziel« sei, aber ein solches Programm dennoch »erstmal eine parteiische Interessengruppe« bediene.

Diese Verdrängung der Thematik an die Randbereiche des öffentlichen Diskurses begründet sich nicht nur mit fehlendem Interesse, sondern auch mit der Komplexität der Materie. Wie *Ortwin Renn* in seinem Beitrag belegen wird, handelt es sich bei der Klimakrise um eine systemische Krise, die sich schleichend entwickelt und dennoch fundamental in unsere Lebenswirklichkeit eingreift. Gerade der Umstand, dass sich die Wissenschaft aufgrund der komplexen Wechselwirkungen hinsichtlich einzelner konkreter Auswirkungen im Unklaren ist oder bisher gefundene Ergebnisse aufgrund neuerer Erkenntnisse revidiert, wird von den Zweiflern zur Untermauerung der eigenen Position herangezogen. Mögliche Auswirkungen lassen sich leicht verdrängen, da diese vermeintlich weit weg oder erst in vielen Jahrzehnten spürbar auftreten werden, sodass es an der eigenen Betroffenheit zu fehlen scheint.

Mehr und mehr muss sich die Erkenntnis durchsetzen, dass die notwendige Reduktion der Emission schädlicher Treibhausgase nur durch eine radikale Veränderung unserer Lebensgewohnheiten möglich ist. Ob man dabei so weit gehen muss wie die *Fridays for Future*-Bewegung, die »System Change, not Climate Change« fordert, mag an dieser Stelle dahinstehen; sicher ist jedoch, dass eine unreflektierte weitere Ausbeutung der natürlichen Lebensgrundlagen schnellstmöglich beendet werden muss. Damit stellen sich – auf politischer wie gesellschaftlicher Ebene – eine Vielzahl von Fragen, für die bisher noch keine Antworten bereitstehen: Wie kann ökonomisches Wirtschaften in Zukunft aussehen? Wie können die Auswirkungen ökologischer Umwälzungen gerecht gehandhabt werden? Wie sind (grundrechtliche) Freiheiten künftig auszugestalten? Wie sind Verteilungskonflikte (hinsichtlich der dann verknappten Ressourcen) zu lösen? Es zeigt sich bereits jetzt, dass jene Menschen, die am wenigsten zum globalen Treibhausgasanstieg beitragen, am stärksten von diesem betroffen sein werden. Vor diesem Hintergrund erscheint verständlich, dass Politiker vor einer offenen Debatte dieser ganz grundsätzlichen Fragen zurückschrecken, zumal die auf periodische Wiederwahl ausgerichteten Politiker aus der Thematisierung solcher langfristigen Fragen und der Umsetzung unpopulärer Maßnahmen nichts gewinnen können (hierzu der Beitrag von *Maximilian Schiffers*).

Zugleich wird die Klimadebatte zum Schauplatz systemischer Konflikte und politischer Grabenkämpfe. So wird der Umgang mit der Klimakrise in den USA – neben der Regulierung des Waffenbesitzes und der Gewährung von Krankenversicherungsschutz – zu einem weiteren fundamentalen Unterscheidungsmerkmal zwischen Demokraten und Republikanern. Hierzulande leugnen insbesondere (rechts-)populistische Parteien einen menschengemachten Klimawandel. Eine solche »Politik der einfachen Lösungen« ist der Komplexität einer systemischen Krise jedoch nicht gewachsen. Als (vermeintlich) volksnahe Bewegung bemüht sich der Populismus zudem, Klimaschutz als ein »Elitenprojekt« zu brandmarken, dass auf dem Rücken der »kleinen Leute« umgesetzt wird.

Aus verschiedenen politischen Richtungen wird daher »Sturm« auf grundlegende klimapolitische Änderungen »geblasen«. Aus liberaler Perspektive wird eine Beschränkung der persönlichen und wirtschaftlichen Freiheiten als »Ökodiktatur« gegeißelt. Aus ökonomischer Sicht werden – unterstützt von der Lobbyarbeit großer Unternehmen, wie ebenfalls der Beitrag von *Maximilian Schiffers* erläutert – Wirtschaftsstandort und Arbeitsplätze hervorgehoben. Die ökonomischen Folgen mangelnden Klimaschutzes bzw. der erforderliche Klimawandelanpassung (hierzu der Beitrag von *Philip Bubeck* und *Annegret Thieken*) werden hingegen zumeist ignoriert. Zu den grundsätzlichen Fragen, die zur Bewältigung der Klimakrise beantwortet werden müssen, gehört daher auch: Wie viel Staat ist nötig, um die anstehenden Herausforderungen zu regeln? Oder kann man dies getrost dem Markt überlassen? Staaten, die grundsätzlich stärker auf die Selbstregulierungskräfte des Marktes vertrauen, tun sich in der Regel schwerer damit, politische Einschränkungen zu erwirken. Zugleich erfordert eine erfolgreiche globale Klimapolitik eine Verständigung zwischen den internationalen Akteuren über die Ziele ihrer Politik, was sich insbesondere im internationalen Staatenwettbewerb als schwierig erweist.

Hier wird vornehmlich eine Verschiebung von Verantwortlichkeiten propagiert, häufig mit Verweis auf den eigenen (vermeintlich: unmaßgeblichen) Beitrag zu den globalen Treibhausgasemissionen.

Verallgemeinernd kann man davon sprechen, dass die Bewältigung der Klimakrise unter einem Demokratiedilemma leidet (hierzu der Beitrag von *Marc Zeccola*). Demokratische Prozesse verlaufen regelmäßig langwierig, da sie auf die Berücksichtigung und Einbindung verschiedenartigster Interessen und Bedürfnisse ausgerichtet sind. Maßgeblich ist schließlich der Mehrheitsentscheid, auch wenn dieser im Ergebnis unrichtig oder unvernünftig ist. Die Klimakrise verlangt hingegen rasches und konsequentes Handeln, kurzfristige und zugleich tiefgreifende Entscheidungen, die schwerlich konsensual durchsetzbar sind. Das erklärt auch das (in dieser Stärke wohl unerwartete) Erstarken zivilgesellschaftlicher Gruppen (wie *Fridays for Future*, *Extinction Rebellion* etc.), die nicht nur zur allfreitäglichen Klimademo aufrufen, sondern sich auch Formen des zivilen Widerstandes zu eigen machen beim Versuch, konkrete klimaschädliche Projekte zu verhindern – die Besetzung des Hambacher Forstes und des Dannenröder Waldes sind aktuelle Beispiele.

Die Komplexität der Klimakrise, die in sämtliche Bereiche des politischen und gesellschaftlichen Systems hineinstrahlt, überfordert letztlich auch die Berufspolitiker, welche zunehmend (Klima-)Experten und sonstige private Akteure einbinden müssen. Auch hier entstehen Reibungen mit dem Prinzip demokratischer Repräsentation. Gerade die zunehmend politische Rolle der Klimaforscher findet nicht überall Anklang. Wählen Forscher drastische Worte, um die Menschen aufzurütteln, wird oft ihr »Alarmismus« beklagt. Konkrete politische Vorschläge werden als Kompetenzüberschreitung betrachtet (vgl. etwa die Debatte zwischen Thea Dorn und Stefan Rahmsdorf, *Die Zeit* vom 3.6. bzw. 24.6.2020).

Davon ausgehend entwickelt sich die Überzeugung, dass eine erfolgreiche Klimapolitik nicht ohne die Unterstützung und damit Einbindung der Bürger möglich ist. An einer Unterstützung fehlt es jedoch, soweit den Bürgern die Reichweite der drohenden Veränderungen und die Dringlichkeit politischer Maßnahmen nicht bewusst ist. In erster Linie geht es daher um die *Information* der Bürger, welche zunächst einmal über den Stand der Krise in Kenntnis gesetzt werden müssen. Dies wird nicht nur durch die oben beschriebene Komplexität des Themas erschwert, weshalb auch weitreichende einzelne Umweltereignisse die Aufmerksamkeit nicht insgesamt auf das Klimathema zu lenken vermögen; auch eine fortschreitende Heterogenisierung des Mediensystems steht dem entgegen. Gerade soziale Medien sorgen dafür, dass Nutzer nur noch Informationen ihrer eigenen »Blase« zur Kenntnis nehmen, wodurch bestehende Überzeugungen bestätigt werden und Anregungen, diese zu überdenken, wegfallen. Auch eine Privatisierung des Mediensystems (wie in den USA bekannt) verstärkt diesen Prozess.

Kommunikation über die Klimakrise wird daher zu einem entscheidenden Faktor erfolgreicher Klimapolitik. Besonders das sprachliche Framing übt daher wesentlichen Einfluss auf das Verständnis der klimatischen Bedrohung und die daraus resultierende Klimaschutzpolitik aus (vgl. Nisbet 2009). Bereits während der Regierungszeit von George W. Bush wurde innerhalb der republikanischen Partei der öffentlichkeitswirksame Begriffswechsel von »global warming« zu »climate change« propagiert, da »climate change« eine neutralere wissenschaftliche Position vermitteln und sich harmloser anhören sollte (vgl. Villar/Krosnick 2011). Diese Bezeichnung wurde dann u. a. auch durch die Forschungspolitik unter Bush (Ausschreibungen, Drittmittel, behördliche Forschungseinrichtungen, Universitätsbeziehungen etc.) übernommen und auch von *Donald Trump* zum (vermeintlichen) Nachweis herangezogen, eine Klimaerwärmung gebe es nicht. Auch die Frage, ob man von »Klimawandel«, »Klimakrise« oder bereits »Klimakollaps« spricht, verdeutlicht, dass der sprachliche Umgang mit den anstehenden Herausforderungen einen großen Anteil an der politischen und gesellschaftlichen Wahrnehmung hat.

Auch wenn sich eine Vielzahl von (rationalen) Gründen für das Zaudern und Zögern in der Klimakrise heranziehen lassen: Vielleicht liegt es doch zuletzt an der narzisstischen Natur des Menschen, der die Bedrohung durch die Klimakrise nicht erkennen *will.* Schon *Immanuel Kant* hat herausgearbeitet, dass es Erkenntnisse gibt, deren sich der Mensch zum Schutz des eigenen Weltbildes verweigert: sog. narzisstische Kränkungen. Die globale Veränderung des Klimas wäre dann die vierte narzisstische Kränkung seit *Kopernikus'* Erkenntnis der Rotation der Erde um die Sonne, *Darwins* Evolutionstheorie und *Freuds* Entdeckung des Unterbewusstseins (so in durchaus pointierter Überzeichnung Ferdinand Otto, *Die Zeit* vom 29.7.2019)

Ausgehend von diesem Ausflug zu Narziss und zur griechischen Mythologie mag es auch naheliegen, vom »Ikarus-Moment« der menschlichen Geschichte zu sprechen. Bekanntlich flog Ikarus – ausgestattet mit Flügeln aus gewachsten Vogelfedern – trotz der Warnrufe seines Vaters zu nahe an der Sonne, die das Wachs zum Schmelzen und ihn zum Abstürzen brachte. Durch den Gebrauch künstlicher Federn konnte Ikarus zwar die Regeln der Natur aushebeln, und dennoch scheiterte er an den Grenzen der Natur. Seine Hybris beruht auf dem Eindruck der eigenen Unbesiegbarkeit und der grenzenlosen Beherrschbarkeit der Natur. Der Umgang der Menschheit mit der Klimakrise lässt eine solche Hybris ebenfalls erahnen. Es ist eine Überzeugung, die ihre Grundlage bereits im biblischen Auftrag an den Menschen, sich die Erde »untertan zu machen«, zu finden scheint. Und sie findet ihr modernes Pendant in einer Technikgläubigkeit, die in der Annahme gipfelt, die Klimakrise könne durch neue technische Innovationen gelöst werden – so etwa der FDP-Vorsitzende Christian Lindner kürzlich im Deutschen Fernseh-Rundfunk. Im Englischen wird dieses unendliche Vertrauen in die Allmacht der Technik mit dem Begriff des »solutionism« beschrieben. Vielleicht schließt sich an dieser Stelle aber auch nur der Kreis, indem eine hochkomplexe gesamtgesellschaftliche Aufgabe auf diesem Weg wieder zu einem (in diesem Fall: technischen) »Nischenthema« degradiert wird.

Nach dieser einleitenden Skizze einiger der vielfältigen gesellschaftlichen und politischen Herausforderungen beim Umgang mit der Klimakrise hoffe ich, dass Sie neugierig auf die folgenden Beiträge geworden sind, die einzelne dieser Aspekte aufgreifen und näher analysieren.

Literatur

IPCC (2015): Climate Change 2014. Synthesis Report. Genf: IPCC. https://www.ipcc.ch/site/assets/uploads/2018/02/SYR_AR5_FINAL_full.pdf [Zugriff: 15.03.2021].

IPCC (2018): Global Warming of 1.5 °C. An IPCC Special Report on the Impacts of Global Warming of 1.5 °C Above Preindustrial Levels. https://www.ipcc.ch/sr15/ [Zugriff: 15.02.2021].

Nisbet, Matthew C. (2009): Communicating Climate Change: Why Frames Matter for Public Engagement. In: Environment: Science and Policy for Sustainable Development 51 (2), S. 12–23. DOI: 10.3200/ENVT.51.2.12-23.

Villar, Ana/Krosnick, Jon A. (2011): Global Warming vs. Climate Change, Taxes vs. Prices: Does Word Choice Matter? In: Climatic Change 105, S. 1–12. DOI: 10.1007/s10584-010-9882-x.

Klimawandel: Fakten und Ursachen
Eine naturwissenschaftliche Perspektive

Reinhard Zellner

Das Klima der Erde ist nicht konstant. Es hat sich in der Erdgeschichte vielfach geändert und wird sich weiter ändern. Allerdings sind die Zeiträume, über die sich solche Änderungen vollziehen, extrem unterschiedlich und die Ursachen verschieden. Unter den natürlichen Ursachen dominieren die zyklischen Änderungen der Erdbahnparameter, die sog. Milankovic-Zyklen, die uns alle 40.000–100.000 Jahre eine Eiszeit beschert haben und die uns sicherlich in ca. 10.000 Jahren in eine neue Eiszeit führen werden. Diese Zyklen erzeugen eine Änderung der Sonneneinstrahlung um $\pm 100\ W/m^2$. Mit etwa $+2{,}3\ W/m^2$

ist der heute beobachtete menschengemachte Beitrag zu den Klimaänderungen klein im Vergleich zu dem durch die Erdbahnparameter. Was ihn aber bedrohlich macht, ist die Geschwindigkeit des heutigen Wandels. Seit Ende der letzten Eiszeit, dem Holozän, vor gut 10.000 Jahren hat sich die globale Temperatur der Erde praktisch nicht verändert. Allein erkennbar war ein moderates mittelalterliches Klimaoptimum, gefolgt von einer sog. kleinen Eiszeit im 16. und 17. Jahrhundert. Seit Mitte des 20. Jahrhunderts aber wächst die globale Temperatur ständig an. Was ist passiert?

Das Wachstum der Weltbevölkerung

Der vielleicht wichtigste Grund ist das Wachstum der Weltbevölkerung. Die Spezies Mensch existiert auf der Erde seit etwa 200.000 Jahren, also erst seit sehr kurzer Zeit im Vergleich zum Alter der Erde von ca. 5 Mrd. Jahren. Vor etwa 10.000 Jahren, dem Ende der letzten Eiszeit, lebten auf der Erde erst ca. 1 Mio. Menschen. Mit den lebens- und siedlungsfreundlicheren Bedingungen der beginnenden Warmzeit nahm die Weltbevölkerung langsam aber – abgesehen von Kriegen, größeren Naturkatastrophen oder Pandemien – stetig zu; um 1800 waren es bereits 1 Mrd. Menschen. Mit den zivilisatorischen Ereignissen der landwirtschaftlichen und wissenschaftlichen bzw. medizinischen Revolution sowie der beginnenden Industrialisierung setzte sich das Wachstum der Weltbevölkerung fort. Um 1960, einer Zeit also, die viele der heute Lebenden noch persönlich kennen, waren es bereits 3 Mrd. Bis heute (2020) hat sich die Bevölkerung auf 7,5 Mrd. erhöht, sich also während der Lebenszeit eines Menschen mehr als verdoppelt. Jährlich wächst die Weltbevölkerung heute um etwa 80 Mio. Menschen, die Gesamteinwohnerzahl Deutschlands. Der positive Trend hält weiter an. 2050 werden wir vermutlich bereits 9 Mrd. sein. D. h. wir erleben seit einigen Jahrzehnten einen starken und ungebrochenen Bevölkerungszuwachs, wobei sich die besonders hohen Wachstumsraten von ehemals Südostasien nunmehr auf Afrika verlagert haben. Der Bevölkerungsdruck löst auch einen enormen Nachfrageprozess aus, in dem immer mehr Menschen den Bedarf an Wasser, Nahrungsmitteln, Landoberfläche, Transport und Energie erhöhen und damit die natürlichen Ressourcen unserer Erde, seine geologischen Energiereserven, seine natürliche Produktivität, aber auch die Aufnahmefähigkeit für unsere zivilisatorischen und industriellen »Abfälle« strapazieren. Bereits in den 1960ern hat der *Club of Rome* erstmals mit dem Buch über »Die Grenzen des Wachstums« auf dieses Problem aufmerksam gemacht. Allerdings hatten die damaligen Autoren mehr das Ende der Ressourcenverfügbarkeit bei Wasser und den fossilen Energieträgern im Blick als z. B. den Klimawandel. Heute wissen wir, dass aufgrund der gestiegenen Emissionen von CO_2 und anderen Klimagasen die Menschheit eher durch den Klimawandel bedroht wird als durch die Endlichkeit unserer fossilen Energieträger. Wir dürfen es uns längst nicht mehr leisten, alle verbliebenen Energiereserven zu explorieren, zu fördern oder jemals zu nutzen.

Die Veränderung der globalen Lufttemperaturen

Die Temperatur der bodennahen Luft hat sich seit Beginn der Industrialisierung, also seitdem Menschen fossilen Kohlenstoff in verstärktem Maß verbrennen, erhöht – in Deutschland z. B. um 1,3 °C. Ähnlich stark wie in Deutschland sieht der Temperaturtrend auch im global gemittelten Maßstab aus, nämlich +1,2 °C seit Ende des 19. Jahrhunderts. Allerdings verläuft die Temperaturzunahme nicht linear mit der Zeit oder mit der CO_2-Konzentration in der Atmosphäre, da sich natürliche Phänomene und anthropogene Ursachen überlappen, und sie ist auch nicht gleich über Land- und Ozeanflächen (► Abb. 1).

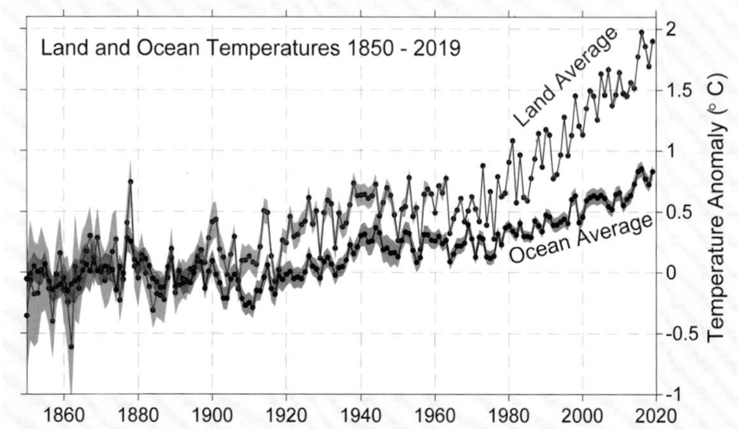

Abb. 1: Entwicklung der globalen Lufttemperaturen über Land- und Ozeanflächen seit 1860 (Quelle: nach BerkeleyEarth.com 2020).

Natürliche Effekte, wie etwa der Vulkanismus, modifizieren die Temperaturentwicklung und auch deren Zuwachs. So wird der Anstieg in den Jahren 1900–1950 im Wesentlichen auf den Rückgang des globalen Vulkanismus zurückgeführt. Besonders stark ist die Erwärmung seit den 60er-Jahren des vorangehenden Jahrhunderts. Die seither beobachtete Temperaturzunahme übersteigt die Erwartungen bekannter natürlicher Effekte. Dies gilt u. a. für den Beitrag durch die variierende Leuchtkraft der Sonne, die sich periodisch im 11-jährigen Zyklus der Sonnenflecken ändert, deren Auswirkung auf die langfristige Temperaturänderung aber nur gering ist. Seit 1990 häufen sich darüber hinaus Jahre mit immer höherer Jahresmitteltemperatur. Während diese z. B. in Deutschland vor 100 Jahren noch bei 8,5 °C lag, erleben wir seit gut 20 Jahren mittlere Temperaturen von 9,5–10,5 °C. Mit 10,5 °C war das Jahr 2018 das bisher wärmste in Deutschland in dieser Dekade, gefolgt von 2014 und 2019 mit je 10,3 °C.

Der Temperaturanstieg wird von der Klimawissenschaft eindeutig auf die zunehmende CO_2-Konzentration in der Atmosphäre zurückgeführt. Damit verbunden sind Folgeeffekte wie das Schmelzen der

Kontinentalgletscher, der Rückgang des arktischen Polareises, die Änderung und Verteilung der Niederschlagsintensität oder die Zunahme der Wirbelstürme. Hinzu kommt der Anstieg des Meeresspiegels. Dieser steigt heute mit einer Rate von 3,3 mm pro Jahr und hat sich seit Beginn der 1990er um etwa 8 cm erhöht. Davon ist etwa ⅓ auf die thermische Ausdehnung und ⅔ auf das Schmelzen von Gletschern und Eisschilden zurückzuführen.

Es steht deshalb außer Zweifel, dass sich unser Klima ändert, und zwar menschengemacht. Eine solche Änderung nimmt der Einzelne allerdings vor allem durch die indirekten Folgeeffekte wahr, etwa durch Überschwemmungen, Hitzewellen oder Dürren. Der Temperaturanstieg selbst bleibt praktisch unbemerkt. Je nach persönlicher Befindlichkeit mindert oder verstärkt dies das Problembewusstsein gegenüber dem Klimawandel und manchmal auch das Vertrauen in die Klimaforschung sowie die Glaubwürdigkeit ihrer z. T. unbequemen Voraussagen.

Klimaänderung ist keine regionale Besonderheit, sondern es ändert sich überall. Regional differenzierte Analysen haben jedoch gezeigt, dass sich der Globus keinesfalls einheitlich erwärmt. Ein wesentlicher Unterschied zwischen den Erwärmungsraten besteht zwischen Land- und Ozeanoberflächen. Die Kontinente erwärmen sich schneller als die Ozeane. Dies wird im Wesentlichen verursacht durch die hohe Wärmekapazität und die Dynamik der Ozeane, die dafür sorgen, dass die Erwärmung der Luft gedämpft und verzögert wird. Besonders auffällig ist dieser Effekt in Regionen mit bekannter Tiefenwasserbildung wie im Nordatlantik, wo sich die Luft deutlich weniger stark erwärmt hat als in der Umgebung.

Ein weiterer Unterschied besteht zwischen den Polarregionen. Während sich die Südpolarregion kaum von dem globalen Temperaturtrend unterscheidet, zeigt die Nordpolarregion mit etwa +2,5 °C einen etwa doppelt so hohen Temperaturzuwachs wie der Globus insgesamt. Dies hatte bedeutende Auswirkungen auf die Kryosphäre, also das Vorkommen von Schnee und Eis, in der Nordhemisphäre. Das Meereis der Arktis ist in relativ kurzer Zeit geschwunden, und zwar sowohl in den Wintern (–8 %), besonders stark aber in den Sommern

(–40 %) der letzten 40 Jahre. Größere Eisverluste werden auch bei den kontinentalen Gebirgsgletschern und beim grönländischen Eisschild, die gemeinsam mit der Antarktis 99 % der globalen Süßwasserreserve darstellen, beobachtet. Eine besondere Besorgnis stellen die sog. Permafrostböden dar, die sich in Nordamerika (Kanada, Alaska) und im gesamten Norden Russlands einschließlich Sibiriens befinden. Diese Böden sind u. a. Speicher von Methan, das im Falle des Abtauens aufgrund der Temperaturerhöhung freigesetzt wird und den Klimawandel verstärkt.

Das Klimasystem und seine Subsysteme

Das Klima der Erde wird – anders als das Wetter – nicht nur durch die Atmosphäre bestimmt, sondern auch durch die Kompartimente der Erdoberfläche wie Hydrosphäre, Kryosphäre, Landoberfläche und die Biosphäre. Allein die Lithosphäre, also der steinerne Teil des Erdmantels mit z. B. den Carbonatgesteinen, nimmt nicht am Klimageschehen teil, zumindest nicht auf der Zeitskala von einigen zehn bzw. hundert Jahren, die uns hier interessieren.

Das Klimasystem (▸ Abb. 2) wird durch die Strahlung der Sonne aufgeheizt und angetrieben und durch die Abstrahlung von terrestrischer Wärmestrahlung gekühlt (s. u. Treibhauseffekt und Strahlungsgleichgewicht). Die Wechselwirkung der einzelnen Subkompartimente untereinander modifiziert die jeweiligen Energieströme. Von ganz wesentlicher Bedeutung ist der Wasserkreislauf. Dieser wird durch die Verdunstung an der Meeresoberfläche und – in geringerem Ausmaß – auch an den Landoberflächen angeregt. In den kälteren Schichten der Troposphäre, wo der Wasserdampf den Sättigungsdruck übersteigt, kondensiert der Wasserdampf und bildet Wolken. Dabei wird Kondensationswärme freigesetzt und die umgebende Luft heizt sich auf. Durch den Niederschlag schließlich gelangt das Wasser zurück auf die Oberfläche. Die Atmosphäre enthält zwar nur 0,001 %

des gesamten auf der Erde verfügbaren Wassers, für die Energiebilanz der unteren Atmosphäre ist der Wasserkreislauf allerdings von großer Bedeutung. Die tropischen Wirbelstürme beispielsweise gewinnen ihre Energie allein aus der Kondensation des zuvor an der Ozeanoberfläche verdunsteten Wassers.

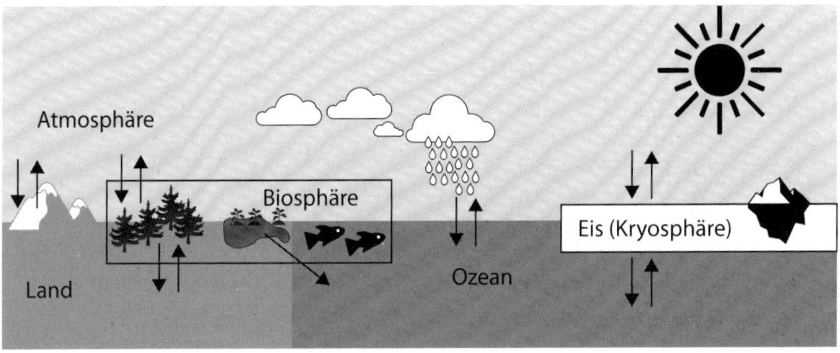

Abb. 2: Vereinfachtes Schema des Klimasystems der Erde und seiner Subsysteme (eigene Darstellung).

Wasserdampf selbst ist ein starkes klimawirksames Gas, das die terrestrische Wärmestrahlung absorbiert, ihre Abstrahlung in den Weltraum blockiert und die Atmosphäre erwärmt. Wolken dagegen reflektieren auch die Sonnenstrahlung und kühlen. Wasser als Gas oder als Tröpfchen ist daher bezüglich seiner Klimawirkung ambivalent. Seine Netto-Wirkung im Klimasystem ist am Tage anders als in der Nacht. Während am Tage und bei tieferliegender Bewölkung der kühlende Effekt der Wolken dominiert, ist es während der Nacht, wenn die Sonne nicht scheint, genau umgekehrt: jetzt wärmen die Wolken. Unter einem wolkenbedeckten Himmel ist es nachts immer wärmer als unter einem wolkenlosen.

Allein mit Wasserdampf und Wolken ist das Klimasubsystem Hydrosphäre allerdings längst nicht vollständig beschrieben. Die Ozeane lösen und speichern atmosphärisches CO_2 in Form von Hydrogencarbonat (HCO_3^-). Entsprechend dem Henry'schen Gesetz wächst mit steigendem CO_2-Partialdruck in der Luft auch die gelöste Menge. Diese Mengen sind beträchtlich: Von den 43 Mrd. Tonnen CO_2 (1 Mrd. t = 1 Gigatonne, Gt), die jährlich global anthropogen emittiert werden, werden etwa 23 % in den Ozeanen gespeichert. Insgesamt sind die Ozeane die Giganten unter den Kohlenstoffreservoiren der Erde. Die Speicherung von CO_2 in den Ozeanen verringert einerseits die atmosphärische Erwärmung durch den CO_2-Anstieg. Durch Reaktion des gelösten CO_2 mit dem Wasser werden aber neben den Hydrogencarbonat-Ionen auch Wasserstoff-Ionen (Protonen, H^+) gebildet, die das Wasser versauern und den pH-Wert senken. Ein saurer werdender Ozean aber behindert die Biomineralisation von Korallen und führt zu deren Absterben. Auch die Aufnahmefähigkeit der Ozeane für künftiges CO_2 wird mit wachsender Versauerung verringert.

Wasser existiert auf der Erde auch in Form von Schnee und Eis. Bezüglich der einfallenden Sonnenstrahlung haben eis- und schneebedeckte Oberflächen eine kühlende Wirkung, da sie die Solarstrahlung viel stärker als dunklere Oberflächen reflektieren und damit die Bodenerwärmung verringern. Schwindende Eisflächen – wie im Nordpolarbereich – verringern diesen Effekt und heizen die Erwärmung weiter an. Anthropogene Veränderungen der Eisflächen, z. B. durch die Ablagerung von Rußteilchen, verstärken diesen Effekt weiter. Dies gilt z. B. für einige der großen Eisflächen der Himalaya-Gletscher, die durch die verschmutzte, rußhaltige Luft aus Nordindien verändert werden.

Die Landbiosphäre ist genau wie die Ozeane eine Senke für atmosphärisches CO_2. Der jährliche natürliche CO_2-Austausch zwischen stehender Biomasse und der Atmosphäre durch Photosynthese einerseits und Veratmung andererseits ist mit ca. 450 Gt CO_2 einer der größten Kohlenstoffkreisläufe der Erde. Nur etwa 12,5 Gt CO_2 – oder 31 % der anthropogenen CO_2-Emission in 2019 – bleiben allerdings längerfristig in Stamm und Wurzelwerk gespeichert (► Abb. 3).

Anthropogene CO_2-Emissionen entstehen auch durch Änderung der Landnutzung. Während die Umwandlung von Waldgebieten in Ackerland in Europa und Nordamerika ursprünglich die Hauptquelle der CO_2-Emissionen war, hat sich die Ackerfläche hier in den letzten Jahrzehnten kaum noch ausgeweitet, und ist – teilweise auch durch

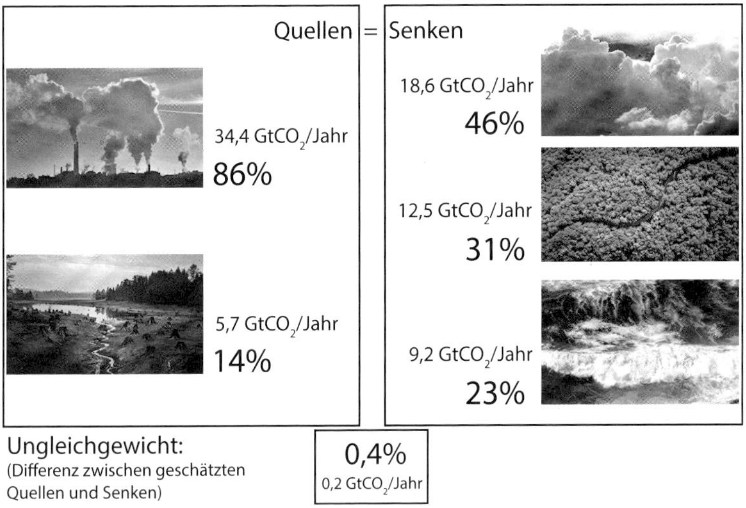

Abb. 3: Quellen und Senken des anthropogen produzierten CO_2 (Quelle: eigene Darstellung nach The Global Carbon Project 2020).

Wiederaufforstung – zurückgegangen. Dafür hat die Abholzung der tropischen Regenwälder zugenommen. Sie hat mit 14 % oder 5,7 Gt CO_2 pro Jahr in der letzten Dekade zu den anthropogenen Emissionen beigetragen. Die Emissionen aus Abholzung sind absolut leicht gewachsen, aufgrund des stärkeren Zuwachses der CO_2-Emissionen aus anderen Quellen ist ihr Anteil aber gesunken. In den 60er-Jahren z. B. betrug der Anteil noch 39 %.

Strahlung in der Atmosphäre und der Treibhauseffekt

Die Erde wird von der Sonne (UV-VIS Strahlung) erwärmt und durch die Abstrahlung von Wärme (IR-Strahlung) in den Weltraum gekühlt.

Energetisch gesehen müssen beide Prozesse gleich sein, denn sonst könnte die Temperatur auf der Erde längerfristig nicht konstant sein. An diesem Austausch nimmt aber nicht nur die Erdoberfläche, sondern auch die Atmosphäre aufgrund des Treibhauseffektes teil. Der Treibhauseffekt wird erzeugt durch sog. Klimagase wie H_2O, CO_2, N_2O, Ozon, FCKW u. a., die die terrestrische Wärmestrahlung, die eigentlich den Globus kühlt, in der Atmosphäre zurückzuhalten und teilweise zurückzustrahlen. Dafür verantwortlich ist eine besondere Eigenschaft der Moleküle der Klimagase: Ihre inneren Bewegungen (Schwingungen und Rotationen) können durch IR-Strahlung angeregt werden, sodass diese Strahlung aufgenommen und der terrestrischen Wärmestrahlung entzogen wird. Umgekehrt können solche Moleküle die absorbierte Strahlung aber auch wieder abgeben. Die Hauptgase der Atmosphäre, Stickstoff und Sauerstoff, haben diese Eigenschaft nicht und sind deshalb keine Treibhausgase. Die Rückstrahlung von Wärme durch die Klimagase verstärkt den Energiefluss in Richtung Boden und erhöht dessen Temperatur (▶ Abb. 4).

Die Sonne strahlt außerhalb der Atmosphäre mit einer in etwa konstanten Strahlungsleistung von 340 W/m^2. Auf einer (hypothetischen) Erde ohne Klimagase würde dies zu einer absorbierten Leistung in der Atmosphäre und am Boden von $161+79 = 240\ W/m^2$ führen. Nach dem Stefan-Boltzmann-Gesetz für die Beziehung zwischen Strahlungsleistung und Temperatur ($L = \sigma \cdot T^4$), entspricht diese Leistung einer Temperatur von 255 K, also –18 °C. Die tatsächliche mittlere Temperatur des Erdbodens ist aber 288 K oder +15 °C. Den Temperaturunterschied zwischen –18 °C und +15 °C, also 33 °C, verursacht der »natürliche« Treibhauseffekt. Der Treibhauseffekt ist deshalb ein Segen für die Erde und die Menschheit. »Natürlich« nennt man ihn deshalb, weil die verursachenden Treibhausgase auch in der ungestörten Atmosphäre bereits vorhanden sind. Das bei weitem stärkste Treibhausgas ist der Wasserdampf; danach folgen Kohlendioxid (CO_2), Methan (CH_4), Ozon (O_3) und Distickstoffoxid (N_2O).

Die Treibhausgase verhindern, dass Wärmestrahlung vom Boden direkt in den Weltraum entweicht. Ab einer bestimmten Höhe wird die Konzentration der Treibhausgase aber so klein, dass sie die aus

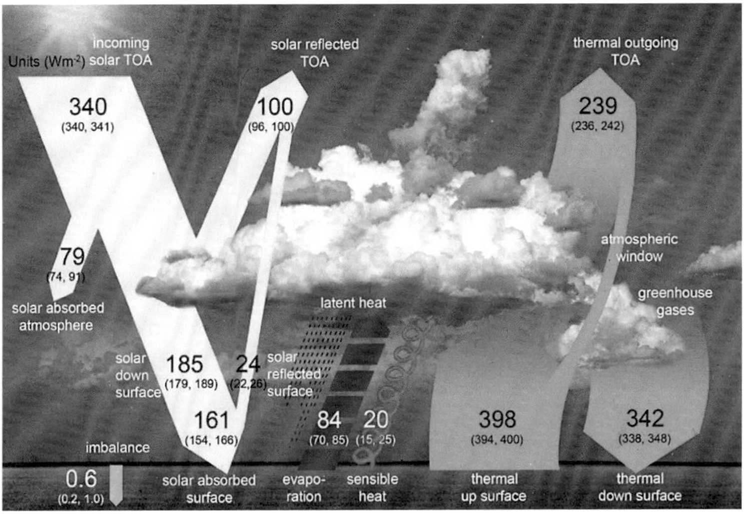

Abb. 4: Solare und terrestrische Strahlungsflüsse in der Atmosphäre (Quelle: IPCC 2014 und Wild et al. 2018). Helle Pfeile sind solare UV-VIS-Flüsse, dunkle Pfeile sind IR-Flüsse. TOA = Top of Atmosphere. In der Klimaforschung wird die Strahlungsleistung in der Atmosphäre auch als Strahlungsantrieb (Radiative Forcing, RF) bezeichnet.

niederen Schichten kommende IR-Strahlung nicht mehr absorbieren können und diese ungehindert ins Weltall entweicht. Diese Höhe nennt man die effektive Strahlungshöhe der terrestrischen Abstrahlung. Sie beträgt etwa 5 km. Auf dieser Höhe beträgt die Durchschnittstemperatur der Atmosphäre tatsächlich die nach Stefan-Boltzmann für eine Strahlung von 240 W/m^2 berechneten −18 °C. Die Erde sieht von außen – per Satellit im IR-Bereich betrachtet – wie ein strahlender Körper eben dieser Temperatur aus. Wenn die Konzentration der Treibhausgase zunimmt, so wandert die effektiv strahlende Schicht zu größeren Höhen, wo es kälter ist und weniger Energie abgestrahlt wird. Um dieses Defizit wieder auszugleichen, muss die Bodentemperatur weiter ansteigen. Dies passiert beim anthropogenen Treibhauseffekt. Wie wir heute wissen, kann der Treibhauseffekt dadurch auch zum Fluch werden, dann nämlich, wenn wir menschengemachte Treibhausgase wie CO_2, CH_4, N_2O oder FCKW ungebremst in die Atmosphäre entlassen und damit deren Temperatur und die des Bodens weiter erhöhen. Dieser sog. anthropogene Treibhauseffekt produziert derzeit eine zusätzliche Strahlungsleistung von etwa 3 W/m^2. Dies ist nur gut 1 % der gesamten Strahlungsleistung, allerdings ist die dadurch verursachte Temperaturerhöhung dennoch besorgniserregend.

Dass ein anthropogener Treibhauseffekt existiert und die Temperaturerhöhung anthropogen verursacht ist, wird immer noch von einigen Klimaskeptikern bezweifelt. Allerdings ist allein auf der Basis eines einfachen Strahlungsgleichgewichtsmodells eine bodennahe mittlere Temperatur von +18 °C ein Beweis dafür. Ein unabhängiger Beleg kommt aus der Beobachtung der mittleren Temperatur der unteren Stratosphäre in etwa 15 km Höhe. Diese nimmt seit einigen Jahrzehnten stetig ab, was ebenfalls mit dem Treibhauseffekt erklärbar ist. Kohlendioxid ist in diesem Teil der Atmosphäre aufgrund seiner starken IR-Emission das bedeutendste kühlende Gas. Wenn seine Konzentration steigt, nimmt die Abkühlung zu und die Temperatur wird kleiner.

Eine wesentliche Aufgabe der Klimamodellierung der vorangehenden Jahre war, die beobachtete Temperaturzunahme den eigentlichen Verursachern zuzuordnen. Dies dient insbesondere der Erkenntnis, ob der Klimawandel tatsächlich vom Menschen verursacht ist oder ggf. andere Gründe hat. Im Zeitraum 1951–2010 hätten die anthropogenen Klimagase einen Anstieg von fast 0,9 °C, deutlich mehr als die Beobachtungen (0,6 °C), zeigen müssen (▸ Abb. 5). Der Unterschied wird zurückgeführt auf die gleichzeitig wirkende Abkühlung des Globus durch das anthropogene Aerosol. Hierbei handelt es sich um Schwebteilchen menschlichen Ursprungs wie Ruß, Sulfat-, Nitrat- und organische Teilchen, die aus Verbrennungsprozessen (Wald- und Buschfeuer, Automobil- und Luftverkehr, Schifffahrt) sowie in Landwirtschaft und Industrie oder bei der Energiegewinnung entstehen.

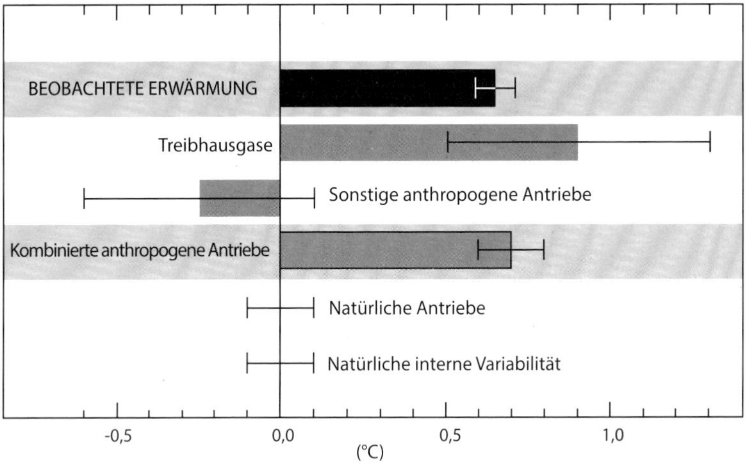

Abb. 5: Verursacher des anthropogenen Klimawandels nach Modellanalysen des Temperaturanstiegs im Zeitraum 1951–2010 (eigene Darstellung nach IPCC 2014)

Diese Aerosole reflektieren das Sonnenlicht und kühlen den Globus. Dies ist der sog. direkte Aerosoleffekt, der bei Kenntnis der Aerosolart und deren Verteilung einigermaßen gut abgeschätzt werden kann. Darüber hinaus existiert aber auch noch ein sog. indirekter Aerosol-Effekt oder Twomey-Effekt. In diesem Fall agiert das Aerosol in Form eines Kondensationskeimes bei der Wolkenbildung. Je mehr Keime in einer Luftmasse enthalten sind, umso mehr Tröpfchen werden gebildet. Bei einem vorgegebenen Feuchtigkeitsgehalt bedeutet dies, dass sich der kondensierbare Wassergehalt auf mehr kleinere Tröpfchen verteilt. Diese haben eine größere Rückstreuwirkung als weniger größere Tröpfchen. Die entstehende Wolke ist deshalb weißer und führt zu einer stärkeren Kühlung. Die Unsicherheit der Wirkung der Aerosole ist allerdings hoch. Dennoch: Die Aussage der Abb. 5 ist insofern von großer Bedeutung, dass sie die Ursache des Temperaturanstiegs mit über 90-prozentiger Wahrscheinlichkeit der menschlichen Tätigkeit zurechnet.

Wegen der vielfältigen Effekte, die ein Temperaturanstieg durch Klimagase in den anderen Klimakompartimenten auslösen kann, ist der Klimawandel nicht ausreichend durch den Strahlungseffekt der Klimagase allein beschrieben. Die Klimaforschung spricht von Rückkopplungen, die entweder positiv oder negativ sein können, je nachdem ob sie den Temperatureffekt der Klimagase verstärken oder schwächen. Die weitere Erhöhung der Temperatur aufgrund der Zunahme der Konzentration des Wasserdampfes ist eine positive, also den Klimawandel verstärkende Rückkopplung. Die begleitende Erhöhung der Wolkenhäufigkeit ist ambivalent: Sie ist positiv bezüglich der IR-Wirkung der Wolken und negativ bezüglich der UV-VIS-Rückstreuung. Das Schmelzen der Eisflächen reduziert die Rückstreukraft des Bodens und ist deshalb ebenfalls positiv usw. In Gänze ist die kombinierte Erwärmungswirkung von Klimagasen und Rückkopplungen deutlich größer als die durch die Klimagase allein. Die genauere Berechnung dieser Effekte oder auch nur deren Abschätzung erfordert eine extrem gute Kenntnis aller Klimakompartimente und erschwert die Klimamodellierung.

Zunahme der Klimagaskonzentrationen

Die längste Zeitreihe von direkten CO_2-Konzentrationmessungen in der Atmosphäre stammt vom Mauno-Loa-Observatorium auf Hawaii in 3400 m Höhe. Sie wurde durch C. Keeling 1958 begonnen und gilt heute als die zuverlässigste Messreihe der Nordhemisphäre in Reinluft (► Abb. 6). Danach liegt die heutige CO_2-Konzentration bei 415 ppm, also 0,0415 %. Sie hat sich damit seit Beginn der Industrialisierung mit einem damaligen Wert von 280 ppm um knapp 50 % erhöht. Deutlich erkennbar ist auch die starke jährliche Periodizität mit Maxima im frühen Frühjahr und Minima im frühen Herbst. Dies ist der Einfluss der Biosphäre mit dem periodischen Aufbau und Abbau von stehender Biomasse. In der Südhemisphäre ist dieser

Effekt um 6 Monate phasenverschoben und deutlich schwächer wegen der insgesamt geringeren Biomasse. Die hier gezeigten CO_2-Konzentrationen gelten für die Reinluft. Lokale Konzentrationen wie in Ballungsgebieten oder Industriezentren der Kontinente können deutlich höher sein.

Die Signale eines Einflusses des Menschen auf das Klima sind aber nicht nur in der Konzentrationsentwicklung des CO_2 erkennen. Spätestens seit Mitte des letzten Jahrhunderts hat der Mensch auch begonnen, die Zusammensetzung der Atmosphäre bezüglich anderer Spurengase zu ändern. Die Konzentrationen von Methan, Distickstoffoxid und bodennahem Ozon haben seither um 12, 20 und 25 % zugenommen. Die Ursachen sind die Emissionen aus Reisfeldern, Mülldeponien, Rindermägen, Feuchtgebieten und bei der Erdgasgewinnung (CH_4), natürliche und landwirtschaftlich genutzte Böden (N_2O) und die Stickstoffoxide und Kohlenwasserstoff-Abgase aus dem Kfz-Verkehr (bodennahes O_3). Hinzu kommen die Fluorchlorkohlenwasserstoffe (FCKW), die bekanntlich das Ozonloch verursachten. Sie wurden als Aerosoltreibgase, Kälte- und Lösungsmittel weltweit verwendet und waren zuvor in der Atmosphäre nicht vorhanden. Die FCKW-Konzentration nahm in den letzten Dekaden des 20. Jahrhunderts stark zu; sie befindet sich aber im Abklingen, seit das Montrealer Protokoll 1989 in Kraft trat, um die Ozonschicht in der Stratosphäre zu schützen.

Wie stark die einzelnen Treibhausgase im Klimasystem der Erde wirken, hängt davon ab, welche physikalisch-chemischen Strahlungseigenschaften sie jeweils haben und wie hoch ihre Konzentration und Lebensdauer in der Atmosphäre sind. Je länger ein Treibhausgas sich in der Atmosphäre aufhält umso länger ist auch der Zeitraum, über den es seine Klimawirkung entfalten kann. Dies gilt für Kohlendioxid mit einer Lebensdauer von ca. 120 Jahren, Distickstoffoxid (114 Jahre) und die FCKW (65 bzw. 120 Jahre). Methan dagegen hat eine relativ kurze Lebensdauer von nur zehn Jahren. Die Erwärmungswirkung eines Klimagases über einen bestimmten Zeitraum wird durch den sog. GWP-Wert (*Greenhouse Warming Potential*) beschrieben. Die Menge eines Treibhausgases mit dem GWP-Wert gewichtet ergibt dann die

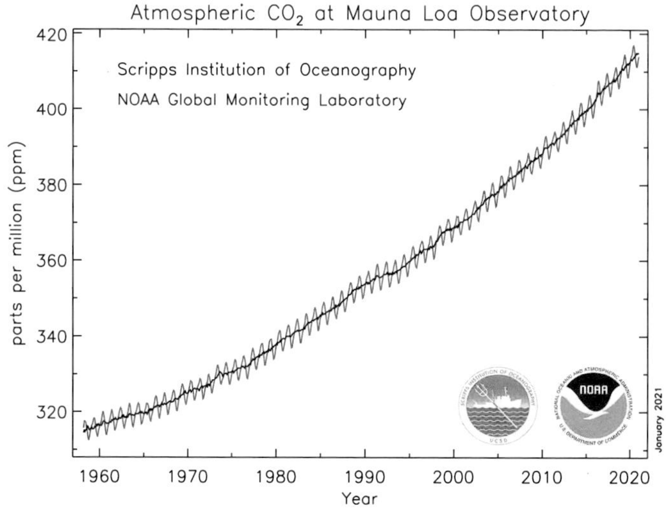

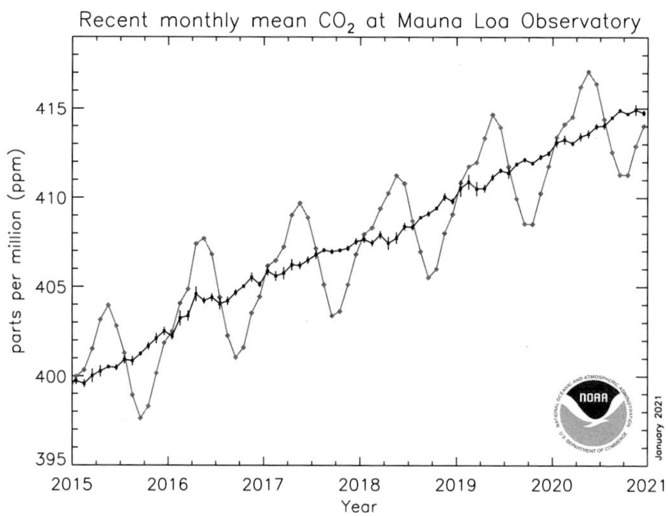

Abb. 6: Zeitreihen der atmosphärischen CO_2-Konzentrationen seit 1960 (oben) bzw. seit 2015 (unten) als Monatsmittelwert (Quelle: NOAA Global Monitoring Project 2021). Die Konzentrationen sind angegeben als Mischungsverhältnisse in ppm (parts per million).

sog. CO_2-Äquivalent-Menge $(CO_2)_e$. Sie ist eine Maßeinheit, die die Klimaeffekte aller Klimagase zusammenfasst und damit den Einfluss verschiedener Sektoren (Energieerzeugung, Mobilität, Land- und Viehwirtschaft) gleichzeitig auf das Klima abbildet.

Die derzeitige weltweite CO_2-Emission aus fossilen Quellen (Kohle, Öl, Gas und Zementproduktion) beträgt gut 36 Gt pro Jahr (► Abb. 7). Hinzu kommen ca. 14 Gt CO_2-Äquivalentmengen an anderen Klimagasen. Seit 1990 hat sich die CO_2-Menge um gut 50 % erhöht und wächst weiter. Eine Stabilisierung der jährlichen globalen Emissionen ist z. Zt. noch nicht zu erkennen.

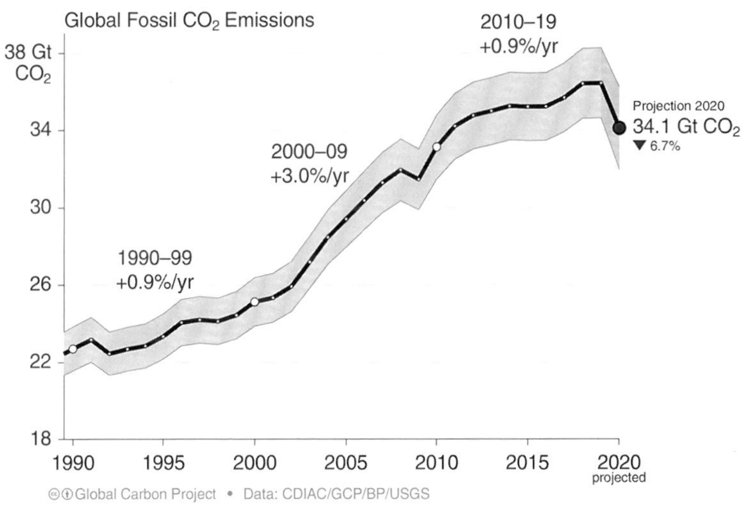

Abb. 7: Entwicklung der globalen CO_2-Emissionen aus fossilen Quellen seit 1990 (Quelle: Global Carbon Project).

Für Deutschland beträgt die $(CO_2)_e$-Emission seit vielen Jahren fast unverändert ca. 0,85 Gt, also gut zehn Tonnen pro Kopf pro Jahr (► Abb. 8). 2018 und 2019 war diese Menge aufgrund des wachsenden Anteils der Windenergie und der geringeren Produktion von

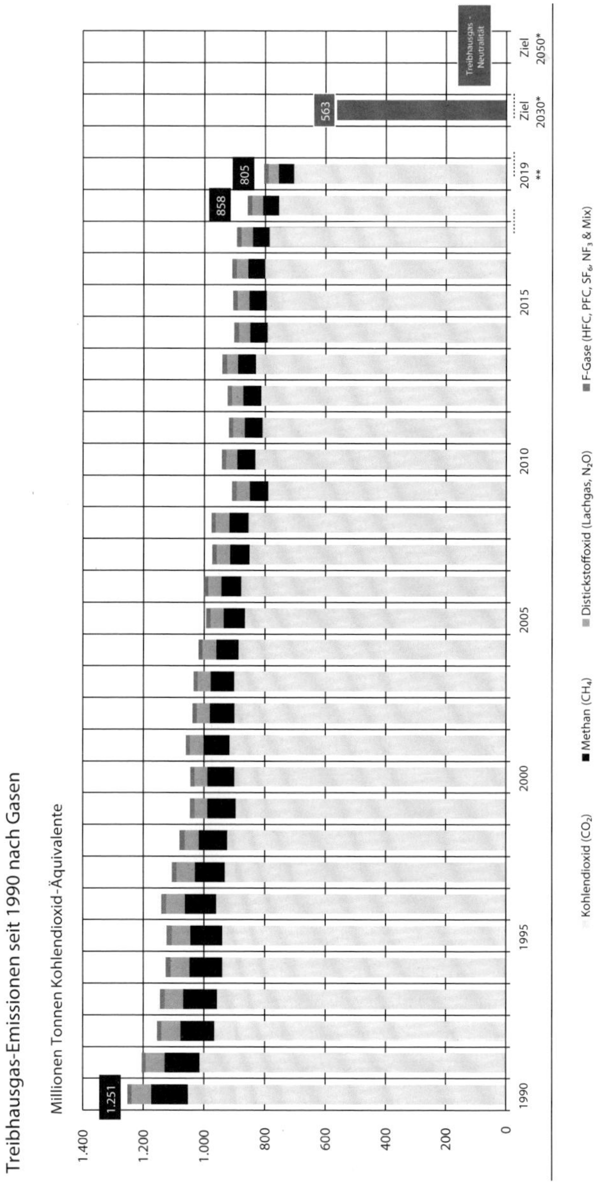

Abb. 8: Entwicklung der Treibhausgas-Emissionen in Deutschland seit 1990 in Mio. t CO_2-Äquivalenten (Quelle: eigene Darstellung nach Umweltbundesamt 2020).

Kohlestrom aber rückläufig. Das angestrebte Ziel der Bundesregierung im Rahmen der Bekämpfung des Klimawandels ist eine CO_2-Neutralität bis 2050.

Eine ungewöhnliche Rolle hat das Corona-Jahr 2020 gespielt. Für dieses Jahr sind die CO_2-Emissionen aufgrund des Rückgangs von Industrieproduktion und Mobilität (speziell Flugverkehr) global schätzungsweise um 6,7 % (▸ Abb. 7), regional (EU27 bzw. USA) gar um gut 11 % bzw. 13 % gefallen. In Deutschland betrug der CO_2-Emissionsrückgang vermutlich gut 12 % oder ca. 80 Mio. t. Damit beträgt die absolute CO_2-Emission 2020 ca. 750 Mio. t oder – 40 % bezogen auf die 1990er Emission. Dies entspricht ziemlich genau dem ursprünglichen politischen Ziel der Bundesregierung, das ohne die Pandemie als verfehlt galt.

Die zukünftige Entwicklung des Klimas und der Handlungsbedarf

Die Veränderung unseres Klimas durch menschliche Aktivität – insbesondere die ungebremste CO_2-Emission – ist spätestens seit Anfang der 80er-Jahre des letzten Jahrhunderts ins breitere Bewusstsein der Regierenden gerückt. Auf Initiative des Umweltprogramms der Vereinten Nationen (UNEP) und der Weltorganisation für Meteorologie (WMO) wurde bereits 1988 das *International Panel on Climate Change* (IPCC) – auf Deutsch kurz »Weltklimarat« – in Genf gegründet mit dem Ziel, für die politischen Entscheidungsträger die wissenschaftliche Forschung zum Klimawandel zusammenzufassen und die Grundlagen für wissenschaftsbasierte Entscheidungen zu erarbeiten. Heute sind 195 Regierungen Mitglied des IPCC. Bereits 1990 hat der IPCC seinen ersten Sachstandsbericht vorgelegt; es folgten regelmäßige Updates im Abstand von 5–7 Jahren, der 5. und bisher letzte 2013. Der 6. Bericht ist seit einiger Zeit in Bearbeitung und wird für 2022 erwartet. Der Weltklimarat trifft keine Entscheidungen. Diese sind der Klimarahmenkonvention der UN (UNFCCC) vorbehalten, die in regelmäßigen Abständen rechtsgültige internationale Vereinbarungen zu Maßnahmen zur Eindämmung des Klimawandels zwischen den Parteien beschließt. Wichtige Stationen waren das Kyoto-Protokoll von 1997 oder das Pariser Klimaabkommen von 2015. In Letzterem wurde ein globaler Rahmen festgelegt, mit dem die Welt einem gefährlichen Klimawandel entgegenwirken kann. Dafür müsse die Erderwärmung deutlich unter 2 °C gehalten werden und es sollten weitere Anstrengungen unternommen werden, um den Temperaturanstieg auf 1,5 °C zu begrenzen.

Was dies bedeutet und welche Anstrengungen unternommen werden müssen, um solche Ziele zu erreichen, kann nur anhand der Klimamodellierung erkannt werden. Klimamodelle sind hoch komplexe mathematische Modelle, die für bestimmte Randbedingungen wie die wachsende CO_2-Konzentration und unter Berücksichtigung der Kopplung der Atmosphäre mit allen Kompartimenten die globale Mitteltemperatur und deren regionale Verteilung berechnen. Die Ergebnisse sind keine Klimaprognosen, sondern Klimaszenarien, d. h. sie sind nur gültig für die gewählten Randbedingungen. Ein Beispiel ist in Abb. 9 dargestellt. Gezeigt ist die historische und weitere Entwicklung der CO_2-Emission für verschiedene Endtemperaturen. Die Kurven mit RCP 8,5 bzw. RCP 3-PD reflektieren Emissionsszenarien, die Strahlungsantrieben von 8,5 bzw. 3,0 W/m^2 und damit Erwärmungen von 4–6 bzw. 1,3–1,9 °C entsprechen (RCP = *Responsive Concentration Pathway*). Die RCP 8,5-Kurve entspricht in etwa einem *business-as-usual*-Szenario mit einer Fortsetzung der derzeitigen CO_2-Emission ohne Rücksichtnahme auf den Klimawandel. Die RCP 3-PD-Kurve dagegen, die eine Umkehr des Wachstumstrends der CO_2-Emissionen beinhaltet, führt langfristig auf eine Stabilisierung des Klimas.

Im Nachgang zum Pariser Klimaabkommen hat der IPCC 2018 einen Spezialbericht zur Begrenzung des globalen Temperaturanstiegs auf 1,5 °C, bezogen auf die vorindustrielle Temperatur, veröffentlicht. Im Kontext einer Verstärkung der globalen Antwort

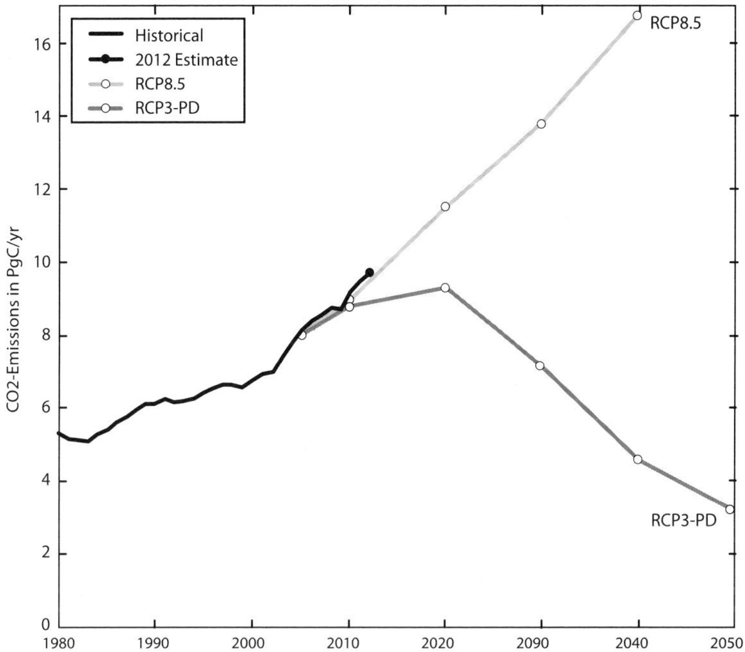

Abb. 9: Entwicklung der historischen und weiteren CO_2-Emissionen pro Jahr, die für zwei verschiedene Temperaturziele in 2050 zu erwarten bzw. einzuhalten sind (siehe Text). Die Daten sind angegeben in Petagramm Kohlenstoff (PgC; 1 PgC = 1 Mt C = 1/3,66 Mt CO_2) (Quelle: eigene Darstellung nach Global Carbon Project 2012).

auf die Bedrohung durch den Klimawandel, die nachhaltige Entwicklung und der Bekämpfung von Armut erhöht damit der IPCC den Druck auf die Regierenden. Als Antwort darauf haben u. a. die Bundesrepublik und die EU (*green deal*) ihre Klimaziele verschärft und größere Einsparziele bei den CO_2-Emissionen angekündigt. Erreicht werden sollen diese Ziele durch den Ausbau der regenerativen Stromerzeugung durch Windkraft, Photovoltaik und Biomasse, Einsparungen im Energieverbrauch sowie den mittelfristigen Rückbau des Kohlestroms. Längerfristig wird aber auch der Wasserstoff zum

Betrieb von Brennstoffzellen und zur Erzeugung synthetischer Kraftstoffe (*e-fuels*) eine notwendige Technologie werden müssen.

Die Basis stringenter Szenarien einer Klimastabilisierung in den kommenden Jahrzehnten ist die Gesamtmenge an CO_2, die insgesamt global noch emittiert werden darf, das sog. CO_2-Budget (▸ Abb. 10). Angenommen sind in diesem Fall zwei verschiedene Budgets, nämlich 600 bzw. 800 Gt CO_2. Dies entspricht 15- bzw. 20-Mal der derzeitigen jährlichen globalen Emission.

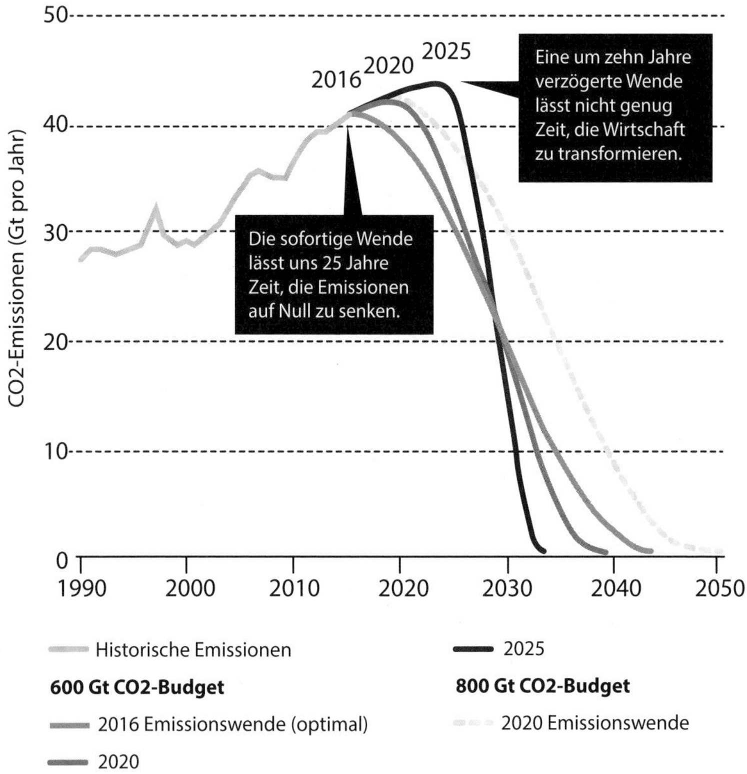

Abb. 10: CO_2-Reduktionswege für eine Klimastabilisierung bis 2050 (Quelle: eigene Darstellung nach Global Carbon Project 2020)

Das CO_2-Budget kann unterschiedlich über die Zeit eingeteilt werden. Eine entscheidende Rolle dabei spielt das Jahr der Emissionswende, also der Zeitpunkt, an dem ein Rückgang der Emissionen eingeleitet wird. Wird dieser Zeitpunkt verzögert, ist der Weg der Emissionsreduktion steiler und damit wirtschaftlich deutlich schwieriger. Das Ziel muss also sein, die CO_2-Emissionen praktisch ohne jegliche Verzögerung zurückzufahren. Dies gilt global. Ein Land wie Deutschland mit hoher Wirtschaftskraft muss und kann eine Vorreiterrolle einnehmen. Sein Anteil an der global emittierten Menge beträgt nur knapp 2,5 %. Die deutschen Bemühungen allein sind deshalb kaum klimarelevant. Nur wenn die anderen mitmachen, kann eine globale Klimakrise noch abgewendet werden. Sollte einem Land wie Deutschland die Energiewende allerdings nicht gelingen, wird es kaum Nachahmer finden und der Klimawandel könnte ungebremst weitergehen.

Literatur

Buchal, Christoph/Schönwiese, Christian-Dietrich (2010): Klima. Die Erde und ihre Atmosphäre im Wandel der Zeiten. Berlin: Helmholtz-Gemeinschaft.

Hamburger Bildungsserver, Themenschwerpunkt »Klimawandel und Klimafolgen«. https://bildungsserver.hamburg.de/klimawandel [Zugriff: 15.02.2021].

Helm, Dieter (2012): The Carbon Crunch. New Haven: Yale University Press.

IPCC (2018): Summary for Policymakers. In: Global Warming of 1.5 °C. An IPCC Special Report on the Impacts of Global Warming of 1.5 °C Above Preindustrial Levels. https://www.ipcc.ch/sr15/chapter/spm/ [Zugriff: 15.02.2021].

IPCC (2014): Climate Change 2014: Synthesis Report. Contribution of Working Groups I, II and III to the Fifth Assessment Report of the Intergovernmental Panel on Climate Change. Genf: IPCC.

Meadows, Dennis L./Meadows, Donella/Randers, Jørgen/Behrens III, William W. (1972): Die Grenzen des Wachstums. Bericht des Club of Rome zur Lage der Menschheit. Übers. v. Hans-Dieter Heck. Stuttgart: Deutsche Verlags-Anstalt.

NOAA Earth System Research Laboratories. https://www.esrl.noaa.gov [Zugriff: 15.02.2021].

Rahmstorf, Stefan/Schellnhuber, Hans Joachim (2019): Klimawandel. München: C.H. Beck.

The Global Carbon Project. https://www.globalcarbonproject.org [Zugriff: 15.02. 2021].

Anpassung an den Klimawandel in Deutschland

Philip Bubeck, Annegret H. Thieken

Der durch den Menschen verursachte Klimawandel und seine Auswirkungen, wie steigende Durchschnittstemperaturen und häufigere Extremereignisse, sind auch in Deutschland zunehmend spürbar. Um der Herausforderung des Klimawandels zu begegnen, stehen drei Handlungsoptionen zur Verfügung: Klimaschutz, Klimaanpassung und Klimaengineering.

Der *Klimaschutz* (oder Mitigation) befasst sich mit der Frage, wie die globale Erwärmung durch die Reduzierung des Ausstoßes von Treibhausgasen aufgehalten oder zumindest verlangsamt werden kann. Im Rahmen des im Jahre 2015 verabschiedeten Übereinkommens von Paris hat sich Deutschland gemeinsam mit nahezu allen Staaten der Erde dazu verpflichtet, die globale Erderwärmung auf möglichst 1,5 °C im Vergleich zum vorindustriellen Niveau zu begrenzen, um die negativen Auswirkungen gering bzw. beherrschbar zu halten. Dies sollte allerdings nicht darüber hinwegtäuschen, dass auch eine Erwärmung um »nur« 1,5 °C bereits schwerwiegende Auswirkungen hätte. So geht der Weltklimarat (IPCC) davon aus, dass eine Erwärmung um 1,5 °C bereits den Verlust von 70–90 % aller tropischen Korallenriffe der Erde zur Folge hätte (IPCC 2018).

Auf nationaler Ebene hat das Übereinkommen von Paris Eingang in das im Dezember 2019 in Kraft getretenen Klimaschutzgesetz gefunden. Danach verpflichtet sich Deutschland, den Treibhausgasausstoß bis 2030 im Vergleich zu 1990 um 55 % zu reduzieren und langfristig das Ziel der Treibhausgasneutralität bis zum Jahre 2050 zu verfolgen. Konkrete Beispiele für Klimaschutzmaßnahmen sind die in Deutschland zum 1. Januar 2021 eingeführte CO_2-Steuer auf fossile Brennstoffe oder der Umstieg auf erneuerbare Energien.

Aufgrund der in den letzten Jahrzehnten immer sichtbarer werdenden Auswirkungen des Klimawandels rückt zunehmend auch das Themenfeld *Klimaanpassung* in den Fokus und damit die Frage, wie den bereits beobachteten und zukünftig erwarteten Veränderungen des Klimas begegnet werden kann. Denn selbst bei einer drastischen Reduzierung des Treibhausgasausstoßes in den kommenden Jahren bliebe Klimaanpassung unerlässlich, da sich aufgrund der bereits erreichten Konzentration von Treibhausgasen in der Atmosphäre eine weitere Zunahme und räumliche Ausbreitung der negativen Folgen des Klimawandels nicht mehr verhindern lässt. Der Weltklimarat beschreibt Klimaanpassung als »Initiativen und Maßnahmen, um die Empfindlichkeit natürlicher und menschlicher Systeme gegenüber tatsächlichen oder erwarteten Auswirkungen der Klimaänderung zu verringern« (IPCC 2007, 76). Bei der Klimaanpassung handelt es sich in der Regel um eine Herausforderung, der aufgrund regional unterschiedlicher Auswirkungen auf regionaler bzw. lokaler Ebene begegnet werden muss. Konkrete Beispiele für Klimaanpassung sind z. B. städtische Hitzeaktionspläne oder das Begrünen von Gebäuden und Dächern zur Reduzierung von Hitzebelastung und Starkregenrisiken in Städten.

Trotz des Übereinkommens von Paris stockt der weltweite Klimaschutz bislang. Aufgrund der daraus resultierenden Befürchtung vor zukünftig gravierenden Auswirkungen hat in den letzten Jahren eine dritte Handlungsoption verstärkt Eingang in die wissenschaftliche und öffentliche Debatte gefunden: das so genannte *Klima-* oder *Geoengineering*. Dabei handelt es sich um Überlegungen, mit technischen Mitteln großflächig in das Klimasystem einzugreifen, um die globale Erwärmung zu stoppen oder umzukehren. Hierzu zählen Methoden zur Entnahme von Kohlendioxid aus der Atmosphäre (z. B. Düngung der Meere mit Eisen, damit Algen verstärkt CO_2 aufnehmen) und Methoden zur Beeinflussung der Sonneneinstrahlung (Solar Radiation Management (SRM), z. B. das Einbringen von Schwefelpartikeln in die Stratosphäre zur Reflektion des Sonnenlichts). Aufgrund der nur sehr schwer abzuschätzenden Risiken derartiger Eingriffe – nicht nur auf das Klima, sondern auch auf den globalen Wasserhaushalt und Ökosysteme – sowie aufgrund ethischer Bedenken, hat sich der Weltklimarat klar gegen die Anwendung von SRM in der nahen Zukunft ausgesprochen.

Schwerpunkt dieses Beitrags ist die *Klimaanpassung in Deutschland*. Im folgenden Abschnitt wird zunächst anhand ausgewählter Klimavariablen beleuchtet, an welche Veränderungen sich Deutschland bereits heute und zukünftig anpassen muss. Daran anschließend wird auf den politischen Prozess der Klimaanpassung auf verschiedenen staatlichen Ebenen in Deutschland eingegangen. Abschließend werden ausgewählte konkrete Beispiele der Klimaanpassung in Deutschland dargestellt.

Woran muss sich Deutschland anpassen? Beobachtete und zukünftige Klimaveränderung

Die globale Konzentration des wichtigen Treibhausgases Kohlendioxid (CO_2) in der Atmosphäre hat im Vergleich zum vorindustriellen Zeitalter um etwa 46 % zugenommen und lag 2019 bei rund 410 ppm (*parts per million*) – d. h. von einer Million Atmosphärenteilchen handelt es sich bei 410 um CO_2. Auch die Konzentration anderer Treibhausgase hat seit Beginn der Industrialisierung stark zugenommen.

Die erhöhte Konzentration von Treibhausgasen, die zu einer Verstärkung des natürlichen Treibhausgaseffektes führt, hat auch in Deutschland bereits zu einer spürbaren Veränderung des Klimas geführt. Klima im engeren Sinne bezeichnet dabei den mittleren Zustand der Atmosphäre (Temperatur, Niederschlag, Wind) an einem bestimmten Ort über einen längeren Zeitraum. Laut der Weltorganisation for Meteorologie (WMO) sollte der Zeitraum, für den statistische Eigenschaften über den Zustand von Klimavariablen analysiert werden (Mittelwerte, Häufigkeiten oder Extremwerte), mindestens 30 Jahre betragen. In der Klimaforschung wird daher in der Regel mit sogenannten Klimareferenzperioden gearbeitet. Dabei handelt es sich meist um eben solche 30-jährigen Zeitfenster, deren gemittelte Messwerte (z. B. jährliche Durchschnittstemperatur) als Norm zum Vergleich mit Messungen oder Klimaprojektionen aus einem anderen Zeitraum verwendet werden. Eine derzeit gängige Klimareferenzperiode ist der Zeitraum 1961 bis 1990. Klima im weiteren Sinne ist der Zustand des Klimasystems und dessen statistische Beschreibung, zu dem neben der Atmosphäre auch Hydrosphäre, Biosphäre und Kryosphäre gehören.

Bereits beobachtete Veränderungen ausgewählter Klimavariablen

Die Klimavariable, die im Hinblick auf den Klimawandel wahrscheinlich am häufigsten betrachtet wird, ist die durchschnittliche Lufttemperatur in Bodennähe. Sie wird in 2 m Höhe über der Erdoberfläche im Schatten und bei ausreichender Belüftung gemessen. Laut dem Monitoringbericht der Bundesregierung zur Deutschen Anpassungsstrategie an den Klimawandel aus dem Jahre 2019 hat sich die mittlere Lufttemperatur in Deutschland für den Bezugszeitraum von 1981–2010 im Vergleich zur Klimareferenzperiode (1961–1990) um 0,7 °C erwärmt. Seit Beginn der flächendeckenden Erfassung der Lufttemperatur im Jahre 1881 hat sich Deutschland bereits um 1,5 °C erwärmt. Somit hat sich Deutschland stärker erwärmt als das globale Mittel mit 1,1 °C.

Die Zunahme der durchschnittlichen Temperatur geht auch mit einer Zunahme von Extremwerten, in diesem Fall sehr heißen Tagen, einher. Heiße Tage sind laut der Definition des Deutschen Wetterdienstes Tage, an denen die Lufttemperatur mindestens 30 °C beträgt. Für die Klimareferenzperiode 1961–1990 lag die durchschnittliche Anzahl heißer Tage deutschlandweit bei 4,2 Tagen, für den Zeitraum 1991–2020 bereits bei 8,9 Tagen. Während vor 1994 kein Jahr mit mehr als zehn heißen Tagen beobachtet wurde, traf dies für den Zeitraum 1995 bis 2020 auf neun Jahre zu. Den Rekord hält dabei das Jahr 2018 (20,4 heiße Tage), gefolgt von 2003 (19 Tage), 2015 (17,6 Tage) und 2019 (17 Tage). Ebenfalls häufiger geworden ist das Auftreten 14-tägiger Hitzewellen. Außergewöhnliche Hitzerekorde wurden Ende Juli 2019 erreicht, als in Deutschland an drei aufeinanderfolgenden Tagen mehr als 40 °C an zahlreichen Messstationen gemessen wurde. Auch wenn von einzelnen Ereignissen nur schwer auf das Klima geschlossen werden kann – ein solches Ereignis könnte ja auch ein seltenes Vorkommen im Rahmen der normalen Klimavariabilität sein –, zeigen sogenannte Attributions-Analysen, dass derartige Hitzewellen aufgrund des Klimawandels deutlich wahrscheinlicher geworden sind und extremer ausfallen (Vautard u. a. 2019).

Mit steigenden Temperaturen gehen aufgrund einer erhöhten Verdunstung auch Probleme mit Trockenheit einher. Ein wichtiger Indikator hierfür ist die Bodenfeuchte. Laut dem Monitoringbericht 2019 der Bundesregierung hat die Anzahl an Tagen mit niedriger Bodenfeuchte seit 1961 deutlich zugenommen, wobei besonders der

Nordosten Deutschlands sowie das Rhein-Main-Gebiet von dieser Entwicklung betroffen sind. Besonders extrem waren die außergewöhnlichen Dürren der beiden Jahre 2018/19, die in Europa beispiellos für die letzten 250 Jahre waren (Hari u. a. 2020).

Auch die mittleren jährlichen Niederschläge haben sich laut dem Monitoringbericht deutschlandweit im Flächenmittel verändert und seit 1881 um 8,7 % zugenommen. Dieser Anstieg ergibt sich allerdings aus jahreszeitlich und auch regional sehr unterschiedlichen Trends. Während für den Sommer keine signifikante Veränderung der Niederschläge beobachtet wurde, nahmen die Niederschläge im Winter seit 1881 um 25 % und dabei besonders in den westlichen Bundesländern zu.

Aus physikalischer Sicht ist davon auszugehen, dass mit steigender Erwärmung auch extreme Niederschläge häufiger und intensiver werden, da wärmere Luft mehr Wasserdampf aufnehmen kann als kältere. Außergewöhnlich hohe Niederschlagsmengen, die innerhalb kurzer Zeit fallen, bezeichnet man als Starkregenereignisse. Sie werden über die Niederschlagsmenge pro Zeiteinheit definiert, also beispielsweise die Menge an Regen (Liter pro Quadratmeter) je sechs Stunden (Dauerstufe). Der Deutsche Wetterdienst warnt amtlich bei mehr als 35 l/m^2 in sechs Stunden vor Unwetter und bei Niederschlägen von mehr als 40 l/m^2 in einer Stunde oder mehr als 60 l/m^2 in sechs Stunden vor einem extremen Unwetter. Starkregenereignisse zeichnen sich meist durch eine sehr geringe räumliche Ausdehnung und kurze Vorwarnzeiten aus. Aussagen zu beobachteten Veränderungen von Starkregenereignissen müssen differenziert betrachtet werden. Für die Dauerstufe von 24 Stunden (Tagesniederschläge) lässt sich für den Winter deutschlandweit eine deutliche Zunahme von etwa 25 % beobachten. Für die Sommermonate ist hingegen kein Trend für diese Dauerstufe zu erkennen. Schwierig ist es bislang, empirisch abgesicherte Aussagen zu Trends bei Starkregenereignissen im Sommer mit kurzen Dauerstufen (z. B. 60 Minuten) zu treffen, da diese aufgrund ihrer Kleinräumigkeit von dem bestehenden Messnetz nur lückenhaft erfasst werden. Zwar können solche Ereignisse mit kurzen Dauerstufen seit etwa 20 Jahren mit Hilfe von

Radardaten besser erfasst werden, allerdings ist diese Zeitreihe noch zu kurz, um robuste Trends daraus ableiten zu können (Becker u.a 2016). Wie oben erwähnt, ist aber allein aus physikalischen Gründen mit einer Zunahme von Starkregenereignissen mit kurzen Dauerstufen zu rechnen. Dies zeigen auch Auswertungen einzelner Messstationen, die über längere Zeiträume Niederschläge mit kurzen Dauerstufen analysiert haben (Mueller/Pfister 2011).

Mögliche zukünftige Veränderungen ausgewählter Klimavariablen

Mit einem Fortschreiten des Klimawandels ist davon auszugehen, dass sich die oben beschriebenen Trends weiter verstärken. Einen Blick in mögliche Zukünfte ermöglichen dabei Klimamodelle, die das Klimasystem mittels mathematischer Gleichungen vereinfacht darstellen. Klimamodelle haben in den letzten Jahrzehnten auch dank steigender Rechenkapazität stark an Komplexität zugenommen und auch die räumliche Auflösung der Modelle ist in den letzten Jahrzehnten immer höher geworden. Nichtsdestotrotz handelt sich auch bei komplexen Modellen nur um ein vereinfachtes Abbild der Wirklichkeit, welches mit Unsicherheiten behaftet ist. Daher wird in der Klimaforschung mit verschiedenen Klimamodellen gerechnet, sogenannten »Ensembles«. Die Ergebnisse verschiedener Modelle werden verglichen. Nur wenn sich aus dem Ensemble unterschiedlicher Modelle ein einheitliches Bild ergibt (z.B. alle Modelle weisen einen Anstieg der Temperatur auf), wird von einem »robusten« Ergebnis gesprochen.

Neben Unsicherheiten in den Modellen besteht eine größere Unbekannte bei der Modellierung des zukünftigen Klimas aber in der Menge an CO_2, die in den kommenden Jahren noch freigesetzt wird. Da wir nicht wissen können, ob Klimaschutzpläne in den kommenden Jahren stringent umgesetzt und Klimaschutzziele erreicht werden oder sich der Ausstoß an Treibhausgasen ungebremst fortsetzt, werden Klimamodelle mit unterschiedlichen Emissionsszenarien (Representative Concentration Pathways; RPCs) »angetrieben«, mit denen man versucht, die mögliche Spannbreite zukünftiger Entwicklungen abzubilden (▶ Beitrag Zellner). Diese Szenarien nummeriert man nach dem Strahlungsantrieb, der im Vergleich zum vorindustriellen Zeitalter erreicht würde. Das optimistischste Szenario, RCP 2.6, entspricht im Wesentlichen der Einhaltung des Übereinkommens von Paris und geht davon aus, dass die Konzentration nach Erreichen eines Spitzenwerts von etwa 490 CO_2-Äquivalenten bereits vor 2100 wieder sinkt. Das RCP 4.5 nimmt an, dass sich die Konzentration nach 2100 bei etwa 650 CO_2-Äquivalente stabilisiert. Das pessimistische RCP 8.5 geht davon aus, dass die Treibhausgaskonzentration bis 2100 ungebremst auf mehr als 1370 CO_2-Äquivalente ansteigt.

Im Vergleich zur Referenzperiode 1971–2000 wird für Deutschland im Winter eine weitere Erwärmung um 1,2–3,2 °C (RCP 4.5) bzw. um 3,2–4,6 °C (RCP 8.5) bis zum Ende des Jahrhunderts projiziert. Im Sommer könnte die Erwärmung zwischen 1,3–2,6 (RCP 4.5) bzw. 2,7–4,8 °C (RCP 8.5) liegen (Jacob u. a. 2017). Wie ungewöhnlich ein derart starker Temperaturanstieg im RCP-8.5-Szenario wäre, zeigt die Tatsache, dass die globale Durchschnittstemperatur in den 12.000 Jahren vor Beginn der Industrialisierung, also seit der Mensch sesshaft geworden ist, nie um mehr als 1 °C geschwankt ist. Wir produzieren somit derzeit klimatische Bedingungen, mit denen der sesshaft gewordene Mensch keine Erfahrungen hat (Burke u. a. 2018).

Neben der Zunahme der Durchschnittstemperatur wird auch die Anzahl heißer Tage bis zum Ende des Jahrhunderts deutlich zunehmen. Eine Analyse des Deutschen Wetterdienstes kommt zu dem Ergebnis, dass die Zahl der Tage mit mindestens 30 °C für die Klimaperiode 2071–2100 zwischen 10 und 16 Tagen (RCP 2.6) und 20 und 35 Tagen (RCP 8.5) betragen könnte. In der Periode 1991–2020 waren es, wie erwähnt, 8,9 Tage.

Auch Dürrewellen wie die der Jahre 2018/19 könnten zukünftig deutlich häufiger auftreten. Im Falle eines ungebremsten Klimawandels (RCP 8.5) würde sich die Wahrscheinlichkeit zweier aufeinanderfolgender Dürreereignisse wie in den Jahren 2018/19 versiebenfachen. Keine signifikanten Veränderungen ergäben sich hingegen für RCP 2.6 (Hari u. a. 2020).

Auch bei den durchschnittlichen deutschlandweiten Niederschlägen kann grundsätzlich eine Fortsetzung des bislang beobachteten Trends angenommen werden. Bis zum Ende des Jahrhunderts könnten die Niederschläge im Winter für RCP 4.5 zwischen -3 bis +17 % und für RCP 8.5 um +8 bis 32 % zunehmen. Für die Sommermonate kann hingegen kein robuster Trend ausgemacht werden. Wie oben bereits diskutiert, ist mit einer zunehmenden Erwärmung zukünftig auch mit einer Zunahme von Starkregenereignissen zu rechnen. Auch der Weltklimarat geht in seinem Synthesebericht »Klimaänderung 2014« davon aus, dass extreme Niederschlagsereignisse in Europa sehr wahrscheinlich bis 2100 an Häufigkeit und Intensität zunehmen werden. Allerdings sind, analog zu den beobachteten Veränderungen, auch die Ergebnisse der Klimamodellierung im Bereich Starkregen noch mit großen Unsicherheiten behaftet.

Ausgewählte Auswirkungen des Klimawandels in Deutschland

Bereits heute wirkt sich der Klimawandel auf vielfältige Weise auf gesellschaftliche und ökologische Bereiche in Deutschland aus. Die zunehmende Hitzebelastung stellt beispielweise ein erhebliches Risiko für die menschliche Gesundheit dar. So führen Hitzewellen regelmäßig zu einer erhöhten Sterblichkeit in der Bevölkerung, insbesondere bei älteren Menschen. Für den Hitzesommer 2003 wird davon ausgegangen, dass deutschlandweit etwa 7600 Menschen an hitzebedingten Gesundheitsbelastungen wie Herz-Kreislauf-Erkrankungen, Nierenversagen oder Atemwegserkrankungen verstarben (An der Heiden u. a. 2019). Europaweit wird diese Zahl auf etwa 70.000 Menschen geschätzt. Hitzeereignisse sind somit die Naturgefahr, die die höchste Anzahl an Todesopfern fordert. Für die Hitzesommer 2018 und 2019 liegen bislang keine deutschlandweiten Schätzungen vor. Eine Analyse des Robert Koch Instituts (2019) hat aber die hitzebedingte Sterbefälle des Sommers 2018 für Berlin und Hessen untersucht. Danach starben allein in Berlin etwa 490 Menschen an den Folgen der Hitzeeinwirkung. In Hessen wurde die Zahl der hitzebedingten Sterbefälle auf insgesamt 740 geschätzt. Die Mortalität unterschied sich dabei sehr stark zwischen den Altersgruppen. Während die hitzebedingte Mortalität sowohl in Hessen als auch in Berlin auf etwa 12 pro 100.000 Einwohner geschätzt wurde, lag diese bei den 75–84-Jährigen bereits bei 60 und in der Altersgruppe der über 84-Jährigen bei etwa 300 pro 100.000 Einwohner. Diese Zahlen verdeutlichen, dass eine weitere Zunahme an heißen Tagen und Hitzewellen, wie sie für den Fall eines sich verstärkenden Klimawandels projiziert werden, erhebliche Folgen für die menschliche Gesundheit hätte und verstärkte Anpassungen erfordern würde.

Besonders betroffen von Hitze sind Städte, die sich aufgrund ihrer baulichen Struktur sehr viel stärker aufheizen als ländliche Gebiete. Als klimatische Ausgleichszonen stellen städtische Grünflächen bereits heute ein wichtiges Instrument gegen Hitzebelastung in urbanen Räumen dar. Allerdings sind diese selbst zunehmend von den Auswirkungen des Klimawandels betroffen, vor allem wenn Hitze- mit Trockenperioden zusammenfallen. Vor welche Herausforderungen der Klimawandel Städte und ihre Grünanlagen stellen kann, verdeutlichen die Auswirkungen des außergewöhnlichen heißen und trockenen Sommers 2018 auf das Grünflächenmanagement der Stadt Berlin. Um die Schäden am Stadtgrün möglichst gering zu halten, stellte die Berliner Senatsverwaltung den Bezirken insgesamt 900.000 € für die zusätzliche Bewässerung des Stadtgrüns zur Verfügung. Zudem wurden die Berlinerinnen und Berliner während der Hitzewelle dazu aufgerufen, Bäume und Sträucher vor ihrer Haustüre zu gießen. Diese Zahlen verdeutlichen mögliche Kosten des Klimawandels.

Enorme Kosten haben in den letzten Jahren auch zahlreiche Starkregenereignisse verursacht. Schäden durch Starkregenereignisse in städtischen Gebieten entstehen dann, wenn die Niederschlagsmengen die Kapazität der Kanalnetze oder von Grundstücksentwässerungen übersteigen und es zu Überflutungen kommt. Dies war z. B. in Dortmund 2008, in Osnabrück 2010, in Münster 2014 oder in Berlin 2017 der Fall, wo es jeweils zu Schäden in Millionenhöhe kam. Anders als Flusshochwasser können Starkregenereignisse überall in Deutschland auftreten und treffen unter Umständen auf eine unvorbereitete Bevölkerung. Neben dem angenommenen Einfluss des Klimawandels dürften auch weitere Entwicklungen zu steigenden Starkregenrisiken führen. Hierzu zählen insbesondere die steigende Versiegelung von Flächen und Verdichtung der städtischen Bebauung.

Wie reagiert Deutschland politisch?

Die Auswirkungen des Klimawandels stellen eine Herausforderung für alle staatlichen Ebenen und verschiedene andere gesellschaftliche Akteure dar. Die folgenden Abschnitte zeigen auf, wie Bund, Länder und Kommunen in Deutschland in den letzten Jahren politisch auf die Herausforderung Klimaanpassung reagiert haben.

Anpassung auf Bundes- und Landesebene

In Deutschland wurde das Thema Klimaanpassung auf nationaler Ebene erstmals im Jahre 2005 im Rahmen des Klimaschutzprogramms intensiver behandelt, welches die Forderung enthielt, eine bundesweite Strategie zur Klimaanpassung zu entwickeln. Bereits 2006 wurde dann das Kompetenzzentrum Klimafolgen und Anpassung (KomPass) am Umweltbundesamt eingerichtet. Zu den Hauptaufgaben von KomPass gehört es, die Deutsche Anpassungsstrategie an den Klimawandel (DAS) durch Politikberatung, Umweltforschung, Informationsbereitstellung sowie Vernetzung und Beteiligung (weiter) zu entwickeln und ihre Umsetzung zu fördern. Als eigenständiges Politikfeld hat sich Klimaanpassung in Deutschland spätestens mit der Verabschiedung der DAS durch die Bundesregierung im Jahre 2008 etabliert. Mit der DAS wurden erstmals die grundlegenden Ziele und Grundsätze der Klimaanpassung in Deutschland definiert, die das Handeln der staatlichen Akteure leiten soll. Vorrangiges Ziel der DAS ist es, »die Verwundbarkeit gegenüber den Folgen des Klimawandels zu mindern bzw. die Anpassungsfähigkeit natürlicher, gesellschaftlicher und ökonomischer Systeme zu erhalten oder zu steigern und mögliche Chancen zu nutzen.« (Bundesregierung 2008) Hierfür definierte die DAS 15 zentrale Handlungsfelder der Klimaanpassung in Deutschland, zu denen 13 sektorale Handlungsfelder wie Bauwesen, biologische Vielfalt, Industrie, Landwirtschaft und menschliche Gesundheit sowie die Querschnittshandlungsfelder Bevölkerungsschutz und Raumordnung, Regional- und Bauleitplanung zählen. Diese Ausgestaltung der DAS verdeutlicht das Ziel, Klimaanpassung in Deutschland in alle relevanten Handlungsfelder zu integrieren. Auf institutioneller Ebene wurde hierfür die Interministerielle Arbeitsgruppe Anpassungsstrategie unter Federführung des Bundesumweltministeriums geschaffen, in der fast alle Bundesministerien vertreten sind. Im Jahr 2011 wurde die DAS mit der Verabschiedung des Aktionsplans Anpassung mit konkreten Maßnahmen des Bundes unterlegt.

Aufgrund der Dynamik des Politikfelds Klimaanpassung und der sich kontinuierlich erweiternden Wissensbasis ist die DAS als Daueraufgabe angelegt. Hierfür verabschiedet die Bundesregierung periodisch Fortschrittsberichte, die konkrete Schritte zur Weiterentwicklung der DAS enthalten. Bisher wurden Fortschrittsberichte in den Jahren 2015 und 2020 verabschiedet, die ebenfalls überarbeitete Aktionspläne zur Anpassung umfassen. Die Fortschrittsberichte wiederum bauen auf den Monitoringberichten zur DAS auf, die bereits beobachtete Auswirkungen des Klimawandels und bereits begonnene Klimaanpassung beschreiben. Weiter flankiert wird der Prozess durch nationale Vulnerabilitätsanalysen, die die Priorisierung von Handlungsfeldern im Bereich Klimaanpassung unterstützen sollen.

Um eine Integration von Klimaanpassung im föderalen System der Bundesrepublik Deutschland zu gewährleisten, wurde durch die Umweltministerkonferenz der Bundesländer der Ständige Ausschuss Anpassung an die Folgen des Klimawandels geschaffen, der die Abstimmung zwischen Bund und Ländern koordiniert. Aufgrund der regional unterschiedlichen Auswirkungen des Klimawandels und ihrer Zuständigkeiten im föderalen System kommt den Ländern eine zentrale Rolle bei der Klimaanpassung zu. Auch in der nationalen DAS wird dieses Prinzip der Subsidiarität explizit hervorgehoben. Entsprechend haben alle Länder eigene Strategie- und Maßnahmenpläne zur Klimaanpassung entwickelt.

Klimaanpassung in Städten und Kommunen

Weltweit verursachen Städte einen großen Anteil der Treibhausgasemissionen: Schätzungen sind allerdings sehr unsicher und schwanken zwischen 30 % und 80 %. Gleichzeitig sind Städte besonders stark von Auswirkungen des Klimawandels betroffen: So verursachen Hitzewellen und Überflutungen durch Starkregen oder Flusshochwasser in Städten aufgrund der hohen Konzentration von Menschen und ökonomischen Werten immense Schäden. Daher sind Städte wichtige Akteure bei der Gestaltung und Umsetzung von Klimapolitik.

Während erste kommunale Maßnahmen zum Klima*schutz* schon vor ca. 30 Jahren ergriffen wurden, z. B. in Form von Energieentwicklungsplänen oder nachhaltigen Verkehrskonzepten, wurden erste lokale Klima*anpassungs*strategien deutlich später entwickelt. Aufgrund der vielfältigen Auswirkungen sind Klimaanpassungsstrategien stark mit anderen Fachplanungen und Sektoren vernetzt, z. B. mit der Stadtplanung, dem Wassermanagement oder der Gesundheitsvorsorge, und müssen dort integriert werden. Ziele im Klimaschutz und Ziele der Klimaanpassung können Hand in Hand gehen, aber auch Konflikte hervorrufen. Beispielsweise mindern städtische Grünflächen die Überwärmung und Belastung der städtischen Bevölkerung bei Hitzewellen. Gleichzeitig entziehen die Pflanzen der Atmosphäre Kohlendioxid. Die Entwicklung von städtischen Grünflächen spielt daher auch in Diskussionen um die Erreichung von Klimaneutralität eine immer größere Rolle: Grünflächen werden als Ausgleichsmaßnahme für verbleibende Treibhausgasemissionen betrachtet. Auf der anderen Seite steht die Nutzung von Dachflächen für Gründächer oder Energiegewinnung durch Photovoltaik in vielen Kommunen im Konflikt miteinander. Daher werden auf kommunaler Ebene zunehmend Konzepte, Pläne oder Strategien entwickelt, die Klimaschutz und Klimaanpassung integrieren.

Allgemein sind kommunale Strategien, Pläne und Maßnahmen zum Klimaschutz und zur Klimaanpassung sehr unterschiedlich ausgeprägt.

Dies zeigt eine aktuelle Untersuchung, in der u. a. Existenz und Inhalte von Klimaanpassungsplänen in 104 deutschen Städten recherchiert wurden (Otto 2020). Berücksichtigt wurden alle Großstädte (> 100.000 Einwohner) sowie kreisfreie Städte mit mehr als 50.000 Einwohnern (im Folgenden: kreisfreie Mittelstädte) in Deutschland – 2017 lebte hier 34 % der Bevölkerung. Alle kreisfreien Städte haben denselben rechtlichen Handlungsrahmen, aber unterschiedliche Ressourcen.

Ende 2018 existierte in 61 der Städte (59 %) ein Klimaanpassungskonzept; weitere 14 Konzepte waren in Arbeit oder Planung. Zum Vergleich: Bis Ende 2018 hatten alle untersuchten Städte außer einer ein Konzept oder eine Strategie zum Klimaschutz. Der Bereich der Klimaanpassung ist in den Städten also schlechter entwickelt als der Klimaschutz.

Die erste städtische Klimaanpassungsstrategie wurde 2007 veröffentlicht; seit 2012 ist ein deutlicher Anstieg zu verzeichnen (▸ Abb. 11). Dies geht einher mit der Verabschiedung des nationalen Aktionsplans Anpassung (s. o.). Zudem begann 2011 die Förderung »Klimaschutzteilkonzepte – Anpassung an den Klimawandel« im Rahmen der Nationalen Klimaschutzinitiative (NKI). Von den insgesamt 75 Anpassungskonzepten, die Ende 2018 fertiggestellt, in Bearbeitung oder Planung waren, wurde etwa ein Drittel durch die NKI finanziert (Otto 2020).

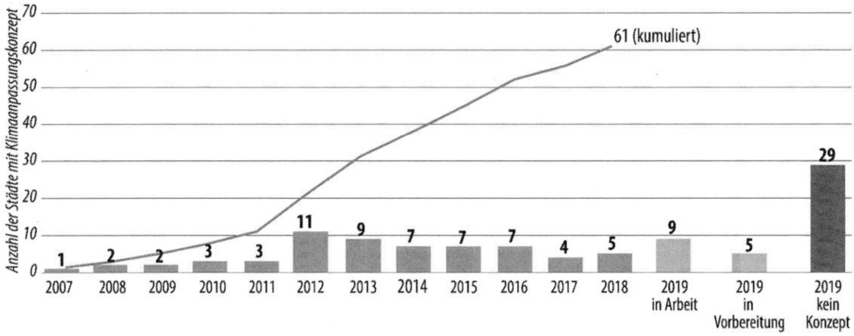

Abb. 11: Jährliche Anzahl von neu veröffentlichten Klimaanpassungskonzepten in 104 Groß- und kreisfreien Mittelstädten in Deutschland (Stand der Datenerhebung: 31.12.2018; Quelle: eigene Darstellung nach Otto 2020).

Weitere Datenanalysen zeigen, dass insbesondere die größeren Städte bereits ein Klimaanpassungskonzept erstellt haben. So verfügten Ende 2018 bereits alle 14 Großstädte mit über 500.000 Einwohnern über ein solches Konzept. Dies trifft hingegen nur auf 64 % der kleineren Großstädte (d. h. 42 von 66 untersuchten Städten) und nur auf 21 %, d. h. 5 der 24 untersuchten kreisfreien Mittelstädte zu. Eine Abhängigkeit der städtischen Aktivitäten und Profilierungen in neuen Politikfeldern wie der Klimapolitik von der Stadtgröße wird oftmals beobachtet. Größere Städte haben in der Regel mehr Ressourcen und können spezialisiertes Fachpersonal für die unterschiedlichen Aufgaben einstellen und mit Fachplanungen, z. B. der Entwicklung eines Hitzeaktionsplans oder eines Starkregenmanagements, betrauen. In kleineren Städten und Gemeinden muss hingegen eine Person oft mehrere Aufgabengebiete übernehmen. Zudem fehlt der Austausch mit anderen Fachkollegen oder die Zusammenarbeit mit wissenschaftlichen Instituten oder Universitäten. Förderprogrammen, städtischen Netzwerken wie dem Klimabündnis und Transferagenturen kommt daher für die Verbreitung von Klimapolitiken und Strategien eine besondere Bedeutung zu.

Beispiele der Klimaanpassung in Deutschland

Deutschland passt sich bereits auf vielfältige Weise an die beobachteten und erwarteten Auswirkungen des Klimawandels an. Eine Übersicht über zahlreiche Anpassungsmaßnahmen enthält z. B. die »Tatenbank« des Umweltbundesamtes. Im Folgenden werden ausgewählte Anpassungsmaßnahmen an den Klimawandel dargestellt.

Klimaanpassung in der rechtlichen Rahmensetzung des Bundes

Wie im zweiten Abschnitt erläutert hat die DAS zum Ziel, Klimaanpassung als wichtiges Querschnittsthema in alle relevanten Politikfelder zu integrieren. Dem Bund kommt dabei die Aufgabe zu, die Rahmenbedingungen für Anpassungsmaßnahmen in Deutschland zu schaffen. Eine wichtige Rolle als zentrales Steuerungsinstrument kann hierbei die Rechtsetzung spielen, da es das Handeln wichtiger Akteure der Klimaanpassung langfristig leitet und koordiniert. Vor diesem Hintergrund enthielt auch der erste *Aktionsplan Anpassung* der Bundesregierung im Jahre 2011 das Ziel, Anpassungserfordernisse rechtlich umzusetzen und dafür Sorge zu tragen, dass bestehende Instrumente entsprechend verbessert werden. Bis heute fand Klimaanpassung Eingang in einige bundesgesetzliche Vorschriften, von denen im Folgenden einige beispielhaft genannt werden.

Da die Auswirkungen des Klimawandels wie Hitzewellen oder Dürren regional bzw. lokal auftreten, kommt der Raumplanung ein hoher Stellenwert bei der Klimaanpassung zu. Bereits seit 2008 heißt es in den Grundsätzen des Raumordnungsgesetzes, »den räumlichen Erfordernissen des Klimaschutzes [sei] Rechnung zu tragen, sowohl durch Maßnahmen, die dem Klimawandel entgegenwirken, als auch durch solche, die der Anpassung an den Klimawandel dienen.« (§ 2 Abs. 2 Nr. 6 ROG). Auf kommunaler Ebene kommt dem Städtebaurecht eine wichtige Rolle bei der Klimaanpassung zu. Das wichtigste Steuerungsinstrument sind die Bauleitpläne, deren Ziel eine nachhaltige städtebauliche Entwicklung ist, die die sozialen, wirtschaftlichen und umweltschützenden Anforderungen auch in Verantwortung gegenüber künftigen Generationen miteinander in Einklang bringt (§ 1 Abs. 5 BauGB). Auch hier wird explizit Bezug auf Klimaanpassung genommen: Bauleitpläne sollen dazu beitragen, »Klimaschutz und Klimaanpassung, insbesondere auch in der Stadtentwicklung, zu fördern«. (§ 1 Abs. 5). Auch das Wasserhaushaltsgesetz, welches den bundesrechtlichen Rahmen für die Regelung von Wasserqualität und -quantität darstellt, nimmt explizit Bezug auf Klimaanpassung als einen allgemeinen Grundsatz der Gewässerbewirtschaftung. Danach sind Gewässer »nachhaltig zu bewirtschaften, insbesondere mit dem Ziel, möglichen Folgen des Klimawandels vorzubeugen.« (§ 6 Abs. 1 Nr. 5 WHG) Klimaanpassung ist somit in Rechtsetzungsbereiche integriert worden, denen eine zentrale Rolle bei der Anpassung zukommt. Eine erste Analyse hat aber auch gezeigt, dass die neuen Regelungen in der Praxis erst allmählich zu wirken beginnen und berücksichtigt werden (Bubeck u. a. 2016).

Vorsorge gegen Starkregenereignisse

Vor dem Hintergrund schadensträchtiger Starkregenereignisse und der erwarteten Zunahme solcher Extreme haben sich viele Städte und Kommunen auf den Weg gemacht, heutigen und zukünftigen Risiken zu begegnen. Laut einer Analyse des Umweltbundesamtes (2019) zum Stand der Starkregenvorsorge in Deutschland können dabei vier verschiedene Kategorien von Maßnahmen unterschieden werden: flächenwirksame Vorsorge, Bauvorsorge, verhaltenswirksame Vorsorge und finanzielle Vorsorge.

Zu Maßnahmen der *flächenwirksamen Vorsorge* zählen die Schaffung von Flächen und Räumen zum Rückhalt von Regenwasser (z. B. Dachbegrünung) und Versickerung (z. B. Entsiegelung) oder die Verankerung von Starkregenvorsorge in Bauleitplänen. Ein Beispiel ist das im Jahr 2019 vom Berliner Senat aufgelegte Förderprogramm »1000 Grüne Dächer«. Mithilfe des Programms sollen vor allem Dachflächen begrünt werden, die für die Rückhaltung von Regenwasser und damit zur Entlastung der Kanalisation wichtig sind. Hierfür können Hauseigentümer bis zu 60.000 € Förderung pro Gebäude beantragen. Neben dem Zurückhalten von Regenwasser soll die Dachbegrünung auch dazu beitragen, durch Verdunstung im Sommer zu kühlen und die Luftqualität zu verbessern. Ein Beispiel für eine multifunktionale Flächennutzung ist der erste Regenspielplatz Deutschlands, der im Rahmen des Projekts »RegenInfrastrukturAnpassung« (RISA) der Stadt Hamburg geschaffen wurde. RISA hatte zum Ziel, den Schutz vor Überflutungen in Hamburg auch in Zeiten des Klimawandels zu gewährleisten und hierfür nachhaltige Konzepte für den Umgang mit Regenwasser zu entwickeln. Vor dem Hintergrund wiederkehrender Überflutungen im Stadtteil Neugraben-Fischbeck entschied man sich, die Sanierung eines Spielplatzes zu nutzen, um diesen auch als Zwischenspeicher von Regenwasser zu ertüchtigen.

Gleichzeitig wurde das Wasser zum Teil des Spielkonzepts gemacht. Bei Starkregen sammelt der Spielplatz Regenwasser in einer Mulde auf dem Gelände des Spielplatzes. Sobald der Speicher gefüllt ist, wird das überschüssige Wasser in ein angrenzendes Brunnenschutzgebiet geleitet und versickert dort.

Die *Bauvorsorge* umfasst Maßnahmen, die Gebäude vor Oberflächenwasser oder eindringendem Grund- oder Kanalisationswasser schützen. Da Starkregenereignisse lokal nur schwer vorhersehbar sind, ist die Bauvorsorge durch Eigentümer besonders wichtig und sollte daher gestärkt werden. Hierzu zählen Rückstauklappen, die verhindern, dass bei einer Überlastung der Kanalisation Abwasser durch die angeschlossenen Hausleitungen ins Gebäude zurückgedrückt wird. Auch druckwasserdichte Kellerfenster, die Abdeckung von Kellerlichtschächten und feste oder mobile Barrieren für exponierte Fenster und Türen zählen zu Maßnahmen der Bauvorsorge. Auswertungen von Schadensdaten zeigen, dass diese Maßnahmen einen wichtigen Beitrag zu einer Reduzierung von Schäden leisten können.

Allerdings können nur Bürgerinnen und Bürger, die gut über bestehende Starkregenrisiken informiert sind, durch eigene Maßnahmen dazu beitragen, mögliche Schäden zu reduzieren. Diese Informationen bereitzustellen, ist Ziel der *verhaltenswirksamen Vorsorge*, die kurzfristige Warnungen (z. B. über Apps) sowie die Bereitstellung von Informationen zu Gefährdung durch Starkregen und zum Vorsorgeverhalten umfasst. Ein wichtiges Instrument der verhaltenswirksamen Vorsorge ist die Bereitstellung von Starkregengefahrenkarten. Eine solche wurde z. B. in der Stadt Unna im Rahmen der Initiative »Stark gegen Starkregen« zur Klimaanpassung erstellt. Diese zeigt auf, wo in Unna die Gefährdung von Überflutungen durch Starkregen besonders hoch ist. Viele Städte stellen zudem Informationen bereit, wie sich Grundstückseigentümer gegen Starkregen schützen können. Beispiele hierfür sind die Broschüren »Hamburg schützt sich vor Starkregen«, das Video der Initiative »Stark gegen Starkregen« oder die im Rahmen des Projekts »Urbane Resilienz gegenüber extremen Wetterereignissen« entwickelten Handlungsempfehlungen zur Starkregenvorsorge in Kindertagesstätten und Altenheimen. Ein weiteres Instrument ist der Hochwasserpass des HochwasserKompetenzCentrums e. V., der eine Standortanalyse von Gebäuden gegenüber Hochwasser und Starkregen bietet. Der Inhaber eines Hochwasser-Passes erlangt eine Risikoeinschätzung für das jeweilige Haus und erhält Tipps zu Vorsorgemaßnahmen.

Wie wichtig die verhaltenswirksame Vorsorge ist, zeigen Befragungen von Haushalten, die von einem Hochwasser betroffen wurden. Abb. 12 zeigt den Anteil an Notmaßnahmen zur Schadensminderung, die von den befragten Haushalten ergriffen wurden. Hierzu zählen Maßnahmen wie das Hochstellen von Möbeln, die Sicherung von Heizkörpern oder das Abdichten des Gebäudes. Die Befragungen zeigen einen deutlichen Unterschied der ergriffenen Maßnahmen zwischen Flusshochwassern und Überflutungen durch Starkregen. Bis auf das Abschöpfen und Abpumpen von Wasser sind alle Maßnahmen bei Betroffenen von Flusshochwassern deutlich stärker verbreitet. Dies ist einerseits auf die deutlich kürzeren Warnzeiten bei Starkregenereignissen und andererseits auf das mangelnde Bewusstsein zurückzuführen.

Als letzte Kategorie wird die *Risikovorsorge* aufgeführt, die die finanzielle Vorsorge und den Versicherungsschutz umfasst. Schäden durch Überflutungen sind in Deutschland nicht im gängigen Versicherungsschutz enthalten. Um sich gegen Schäden durch Hochwasser und andere Naturgefahren zu versichern, bedarf es zusätzlich zur Hausrats- oder Wohngebäudeversicherung einer Elementarschadenversicherung. Laut dem Gesamtverband der Deutschen Versicherungswirtschaft sind deutschlandweit nur etwa 45 % der Häuser gegen Naturgefahren versichert, wobei aufgrund historischer Gegebenheiten sehr starke regionale Unterschiede bestehen. Während in Baden-Württemberg 94 % der Gebäude über eine Elementarschadenversicherung verfügen, ist dies in Bremen nur bei 22 % der Fall. Um den Anteil an Versicherten vor dem Hintergrund der erwarteten Zunahme an Extremereignissen zu erhöhen, haben fast alle Bundesländer in den letzten Jahren Informationskampagnen gestartet.

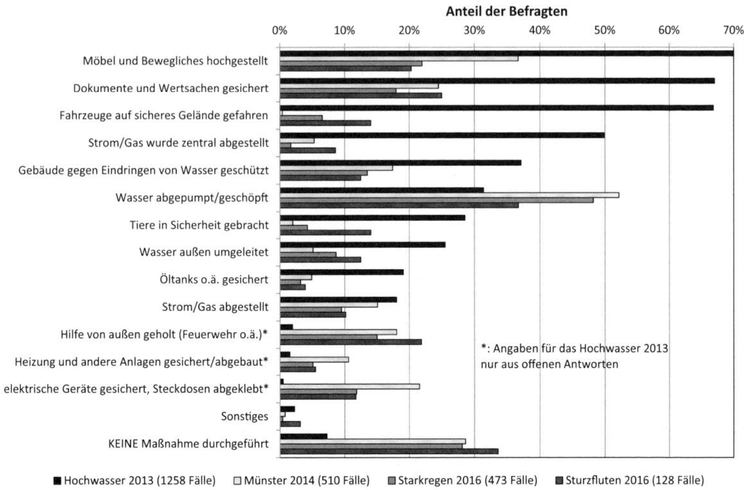

Abb. 12: Angaben betroffener Haushalte zu durchgeführten Notmaßnahmen zur Schadensminderung bei Hochwasser (eigene Darstellung; Datenquelle: Befragung durch Universität Potsdam, Deutsches GeoForschungsZentrum und Deutsche Rückversicherung AG).

Anpassung an Hitzebelastung

Auch gegenüber städtischer Hitzebelastung wurden in den letzten Jahren zahlreiche Initiativen und Maßnahmen gestartet. Analog zur Starkregenvorsorge spielt auch bei diesem Thema die Verhaltensvorsorge eine wichtige Rolle. Informationen zu den Gefahren der Hitzebelastung für die menschliche Gesundheit und möglicher Vorsorgemaßnahmen bietet z. B. »Der Hitzeknigge« des Umweltbundesamtes. Die Bereitstellung von Information fördert die »Mitmach-Kampagne Schattenspender«, die ebenfalls vom Umweltbundesamt initiiert wurde. Diese lädt Gemeinden, Initiativen und Privatpersonen dazu ein, das Thema Hitzebelastung mithilfe von zur Verfügung gestellten Materialien ins Bewusstsein der Öffentlichkeit zu rücken (▸ Abb. 13).

Abb. 13: Motiv der »Mitmach-Kampagne Schattenspender« (Quelle: Umweltbundesamt).

Auch Städte werden zunehmend aktiv, um die Hitzebelastung und deren Auswirkungen zu verringern. Beispiele hierfür sind das Projekt »Hitze Sicher/Worms« oder der »Hitzeaktionsplan für Menschen im Alter« der Stadt Köln. Letzterer zielt darauf ab, hitzebedingte Risiken durch die Schaffung eines Informationssystems und einen Aktionsplan zu minimieren. Hierfür wird u. a. eine Vulnerabilitätsanalyse erstellt, die aufzeigen soll, wo sich städtische Hitzeinseln befinden und gleichzeitig besonders viele ältere Menschen wohnen. Zudem werden der Wissensstand und das Vorsorgeverhalten von älteren Menschen und Senioreneinrichtungen erhoben, um entsprechende Maßnahmen abzuleiten.

Auch im Planungsprozess werden Aspekte der Hitzebelastung stärker berücksichtigt. Dies soll am Beispiel der Stadtklimakarten – auch Klimafunktionskarten genannt – verdeutlicht werden. Stadtklimakarten stellen räumlich dar, wie stark (bebaute) Gebiete von

Überwärmung betroffen sind, aber auch, wo Kaltluft entstehen und in die Stadt einströmen kann. Um sicherzustellen, dass die letztgenannten Gebiete von Bebauung freigehalten werden und auch in Zukunft bebaute Gebiete kühlen und mit Frischluft versorgen können, werden Klimafunktionskarten für die Stadtplanung verwendet. Ihre Erstellung erfordert jedoch sehr gute Grundlagendaten, z. B. zur Topographie und Bebauung, sowie den Einsatz komplexer Simulationsmodelle. In der Regel werden spezialisierte Ingenieur- und Planungsbüros mit der Erstellung solcher Karten beauftragt. Eine Recherche zeigt, dass insgesamt etwa zwei Drittel der 104 untersuchten Städte in Deutschland über diese wichtige Planungsgrundlage verfügen (Otto 2020). Tab. 1 zeigt, dass auch hier eine deutliche Abhängigkeit von der Stadtgröße zu verzeichnen ist. Damit alle Städte sich an den Klimawandel anpassen, entsprechende Strategien und Planungsgrundlagen entwickeln und entsprechende Maßnahmen umsetzen können, benötigen insbesondere mittlere und kleinere Städte Unterstützung.

Tab. 1: Vorhandensein einer Klimafunktionskarte in 104 untersuchten Groß- und Mittelstädten in Deutschland

Stadttyp (EW: Einwohner)	**untersuchte Städte**	**davon Städte mit Klimafunktionskarte**	**Anteil**
große Großstadt (> 500.000 EW)	14	13	93 %
kleine Großstadt (> 100.000–500.000 EW)	66	49	74 %
kreisfreie Mittelstadt (> 50.000–100.000 EW)	24	8	33 %
Summe	104	70	67 %

Quelle: Eigene Recherche (Datenstand: März 2021).

Fazit

Die Auswirkungen des Klimawandels, wie steigende Durchschnittstemperaturen und häufigere Extremereignisse, sind in Deutschland bereits spürbar. So haben z. B. die Anzahl heißer Tage und von Hitzewellen, die erhebliche Auswirkungen auf die menschliche Gesundheit haben, bereits spürbar zugenommen. Aufgrund des fortschreitenden Klimawandels ist davon auszugehen, dass sich viele Auswirkungen noch verstärken und räumlich ausbreiten werden. Und selbst wenn es in den kommenden Jahren zu einer deutlichen Reduzierung des Treibhausgasausstoßes kommen sollte, bliebe Klimaanpassung aufgrund der bereits erreichten atmosphärischen Konzentration an Treibhausgasen unerlässlich.

Vor diesem Hintergrund haben in Deutschland alle staatlichen Ebenen und zahlreiche gesellschaftliche Akteure bereits damit begonnen, sich an die Auswirkungen des Klimawandels anzupassen. Sie ergreifen Maßnahmen, um die Empfindlichkeit Deutschlands, einzelner Regionen, Sektoren oder von Städten und Kommunen gegenüber den tatsächlichen oder erwarteten Auswirkungen des Klimawandels zu verringern. Während der Bund Klimaanpassung durch Rahmensetzung, Politikintegration und Bereitstellung von Wissen fördert, erfolgt die Umsetzung konkreter Maßnahmen aufgrund der regional sehr unterschiedlichen Auswirkungen des Klimawandels oft auf regionaler bzw. lokaler Ebene. Beispiele hierfür sind Förderprogramme zur Dachbegrünung oder die Erarbeitung von Hitzeaktionsplänen). Während Städte sich zunächst auf den Klimaschutz konzentrierten, hat die Klimaanpassung in den letzten Jahren deutlich an Bedeutung gewonnen.

Die Auswirkungen des Klimawandels und damit der Umfang der zukünftigen Anpassungserfordernisse werden stark davon abhängen, wie viel zusätzliche Treibhausgase in den kommenden Jahren noch in die Atmosphäre gelangen werden. Die Ergebnisse von Klimamodellen zeigen, dass wir bei einer ungebremsten Erwärmung klimatische Bedingungen schaffen würden, mit denen der sesshaft gewordene

Mensch keine Erfahrung hat. Dies verdeutlicht die Dringlichkeit, die verbindlich vereinbarten Klimaschutzziele zu erreichen und sich gleichzeitig an die unvermeidlichen Auswirkungen anzupassen.

Literatur

IPCC (2018): Summary for Policy Makers. In: Global Warming of 1.5 °C. An IPCC Special Report on the Impacts of Global Warming of 1.5 °C Above Preindustrial Levels. https://www.ipcc.ch/sr15/chapter/spm/ [Zugriff: 15.03.2021].

IPCC (2007): Climate Change 2007: Synthesis Report. Contribution of Working Groups I, II and III to the Fourth Assessment Report of the Intergovernmental Panel on Climate Change. Genf: IPCC

Vautard, Robert u. a. (2019): Human Contribution to the Record-Breaking July 2019 Heat Wave in Western Europe. https://www.worldweatherattribution.org/wp-content/uploads/July2019heatwave.pdf [Zugriff: 08.03.2021].

Hari, Vittal/Rakovec, Oldrich/Markonis, Yannis/Hanel, Martin/Kumar, Rohini (2020): Increased Future Occurrences of the Exceptional 2018–2019 Central European Drought Under Global Warming. In: Scientific Reports 10, Art. 12207. DOI: 10.1038/s41598-020-68872-9.

Becker, Paul/Becker, Andreas/Dalelane, Clementine/Deutschländer, Thomas/Junghänel, Thomas/Walter, Andreas (2016): Die Entwicklung von Starkniederschlägen in Deutschland. Plädoyer für eine differenzierte Betrachtung. https://www.dwd.de/DE/leistungen/besondereereignisse/niederschlag/20160719_entwicklung_starkniederschlag_deutschland.pdf [Zugriff: 15.03.2021].

Mueller, Eva Nora/Pfister, Angela (2011): Increasing Occurrence of High-Intensity Rainstorm Events Relevant for the Generation of Soil Erosion in a Temperate Lowland Region in Central Europe. In: Journal of Hydrology 411, S. 266–278. DOI: 10.1016/j.jhydrol.2011.10.005.

Jacob, Daniela/Kottmeier, Christoph/Petersen, Juliane/Rechid, Diana/Teichmann, Claas (2017): Regionale Klimamodellierung. In: Brasseur, Guy P./Jacob, Daniela/Schuck-Zöller, Susanne (Hrsg.): Klimawandel in Deutschland. Entwicklung, Folgen, Risiken und Perspektiven. Heidelberg: Springer Spektrum, S. 27–35. DOI: 10.1007/978-3-662-50397-3.

Bundesregierung (2008): Deutsche Anpassungsstrategie an den Klimawandel. Drucksache 16/11595 des Dt. Bundestags vom 19.12.2008.

Otto, Antje (2020): Städtische Klimaanpassungskonzepte in Deutschland: bisherige Entwicklungen, aktueller Stand und ungewisse Zukunft. https://www.uni-potsdam.de/fileadmin/projects/extrass/ExTrass-Klimakonzeptanalyse_104_Staedte_2018.pdf [Zugriff: 15.03.2021].

Bubeck, Philip/Klimmer, Linda/Albrecht, Juliane (2016): Klimaanpassung in der rechtlichen Rahmensetzung des Bundes und Auswirkungen auf die Praxis im Raumordnungs-, Städtebau- und Wasserrecht. In: Natur und Recht 38 (5), S. 297–307. DOI: 10.1007/s10357-016-3003-1.

Umweltbundesamt (Hrsg.) (2019): Vorsorge gegen Starkregenereignisse und Maßnahmen zur wassersensiblen Stadtentwicklung – Analyse des Standes der Starkregenvorsorge in Deutschland und Ableitung zukünftigen Handlungsbedarf (Texte 55/2019). Dessau-Roßlau: UBA.

Klimawandel, Umweltzerstörung und Migration

Jochen Oltmer

Auf den ersten Blick scheint es eine eindeutige Verbindung von Klimawandel und Migration zu geben: Klimawandel führt zu Umweltzerstörungen und Umweltkatastrophen. Vernichtet bzw. geschädigt werden aufgrund dessen Ressourcen und Infrastrukturen, die Menschen benötigen, um (über-)leben und soziale, politische, wirtschaftliche sowie kulturelle Ordnungen aufrechterhalten zu können. Um dem zu entgehen, verlassen sie die akut betroffenen Gebiete. Der zweite Blick offenbart allerdings viele (offene) Fragen: Klimawandel verweist für unterschiedliche Regionen weltweit auf sehr verschiedene Phänomene, Dynamiken und Muster, für die nicht zu erwarten steht, dass immer auf ähnliche Art und Weise mit Abwanderung reagiert wird. Zwar erweisen sich mancherorts die Folgen als massiv und sind seit Jahren nicht zu übersehen. In anderen Regionen aber lässt sich demgegenüber (noch) keine weitreichende Überlastung der Umwelt ausmachen. Menschengemachte Veränderungen von Klima und Umwelt wirken schleichend und schreiten über Jahrzehnte oder Jahrhunderte fort – etwa als Anstieg des Meeresspiegels, als Desertifikation (also die Ausbreitung von Wüsten), Erosion und Versteppung, Versalzung, Verschmutzung und als Wandel der Niederschlagsmuster. Sie können aber auch plötzlich eintreten und sehr rasch tiefgreifende Folgen zeitigen, beispielsweise im Falle von Extremereignissen wie Wirbelstürmen oder Sturmfluten.

Zu bedenken ist außerdem, dass Gesellschaften und Individuen den Klimawandel und seine Folgen sehr unterschiedlich wahrnehmen und deshalb (auch migratorisch) verschieden agieren und reagieren. Und selbst der Begriff der Migration bleibt uneindeutig: Sind nur Bewegungen gemeint, die zum Überschreiten von Staatsgrenzen führen? Oder bezieht sich der Begriff auch auf Abwanderungen in einem engeren regionalen Kontext? Wird von der Vorstellung ausgegangen, das Ausweichen vor einer Umweltzerstörung sei unausweichlich und biete den betroffenen Menschen keine Handlungsalternativen, weshalb Begriffe wie Flucht oder Vertreibung zu verwenden seien? Oder wird Migration als eine Anpassungsleistung gegenüber Umweltveränderungen verstanden, sodass die handelnden Akteure keineswegs als passive Opfer gelten können? Treffen Begriffe wie »Klimaflüchtlinge«, »Umweltflucht« oder »Umweltvertriebene« den Kern dessen, was die wechselseitige Beziehung von Klimawandel und Migration ausmacht?

Dass menschengemachte Umweltveränderungen und Migration in einem Zusammenhang stehen können, lässt ein kurzer Blick in die Vergangenheit deutlich werden. Für das 20. Jahrhundert bilden beispielsweise die Ereignisse in der *Dust Bowl* in den 1930er-Jahren einen zentralen Fall: In den östlich der Rocky Mountains gelegenen trockenen Präriegebieten der USA hatte die Verdrängung des Präriegrases durch den Anbau von Weizen im Zuge der Urbarmachung seit dem späten 19. Jahrhundert langfristig verheerende Auswirkungen für das regionale Ökosystem. Während das Präriegras den Boden vor Erosion bewahrt hatte, führten Weizenmonokultur und Dürre in den 1930er-Jahren zu gewaltigen Staubstürmen. Schwere Ernteschäden in Verbindung mit dem massiven Preisverfall landwirtschaftlicher Produkte mündeten in der Weltwirtschaftskrise in die Abwanderung zahlloser Farmer aus der *Dust Bowl.* Wohl mehr als eine Millionen Menschen aus den besonders betroffenen Gebieten in Oklahoma, Texas, Arkansas und Missouri kamen in den 1930er- und 1940er-Jahren allein nach Kalifornien. Viele der »Okies«, deren Schicksal der spätere Literatur-Nobelpreisträger John Steinbeck eindrücklich in seinem Roman »Früchte des Zorns« beschrieben hat, sahen sich genötigt, als Tagelöhnerinnen und Tagelöhner Hilfsarbeiten in der kalifornischen Landwirtschaft aufzunehmen oder vervielfachten die Zahl der obdachlosen »Hobos«.

Für zahlreiche weitere historische wie aktuelle Fälle lassen sich vermehrte Abwanderungen aus Regionen ausmachen, die durch eine Überlastung der Umwelt gekennzeichnet waren oder sind. Wie das Beispiel der *Dust Bowl* mit seiner engen Verbindung von Staubstürmen und den Folgen der Weltwirtschaftskrise deutlich werden lässt, bildet sie allerdings selten den einzigen Hintergrund für räumliche Bewegungen. Vielmehr wirken Umweltzerstörungen in aller Regel untrennbar mit ökonomischen und sozialen, aber auch kulturellen und politischen Faktoren zusammen. Dabei lässt sich angesichts sehr komplexer Konstellationen und Wechselverhältnisse selten das spezifische Gewicht der Umweltveränderungen für die Entscheidung von Individuen, Familien oder Kollektiven herausarbeiten, solche Gebiete zu verlassen. Trotz der vielfältigen und inzwischen über Jahrzehnte laufenden Debatten über die Folgen des globalen Klimawandels bleiben deshalb auch weiterhin die wissenschaftlichen Kenntnisse über die Bedeutung umweltbedingter Bestimmungsfaktoren im Migrationsgeschehen und, umgekehrt, über den Stellenwert des Faktors Migration für globale Umweltveränderungen recht gering.

Migratorische Wirkungen von Umweltkatastrophen

Eine enge Beziehung zwischen Klimawandel und Umweltveränderungen einerseits und räumlichen Bewegungen von Menschen andererseits scheint dort vorzuliegen, wo Umweltkatastrophen ausgemacht werden können. Katastrophen lassen sich definieren als plötzlich (also spontan, unangekündigt und unerwartet) auftretende Extremereignisse, die gekennzeichnet sind durch viele Todesopfer und Verletzte sowie erhebliche materielle Schäden. Eine lokale Bevölkerung vermag sie ohne Hilfe von außen nicht zu bewältigen. Das *Internal Displacement Monitoring Centre* (IDMC) gibt vor dem Hintergrund eines sehr breit gefächerten Katastrophenbegriffs die Zahl der im Jahr 2018 neu registrierten »Katastrophenvertriebenen« weltweit mit rund 17 Mio. an, sie soll 2019 dann bei 25 Mio. gelegen haben.

Wenngleich die Daten in vielerlei Hinsicht als unsicher gelten können, lassen sich doch einzelne wesentliche Tendenzen ausmachen. Zwar wies das IDMC »Katastrophenvertriebene« in rund 100 Staaten weltweit aus, allerdings mit klaren regionalen Schwerpunkten: 95 % aller zwischen 2008 und 2017 auf der Basis von Meldungen zahlreicher nationaler und internationaler Organisationen gezählten 247 Mio. »Katastrophenvertriebenen« waren Angehörige armer Gesellschaften. Solche Angaben korrespondieren mit Erkenntnissen der Umwelt- bzw. Klimaforschung: Umweltkatastrophen treten in jenen Zonen der Erde gehäuft auf, in denen der Umfang der Bevölkerung besonders stark wächst, ausgeprägter Ressourcenmangel herrscht, in denen außerdem schwache Staatlichkeit, schwache Zivilgesellschaften, weitreichende soziale Ungleichheiten sowie gesellschaftliche und zwischenstaatliche Konflikte ausgemacht werden können. Menschen und Kollektive sind hier besonders verletzlich gegenüber Klimawandel und Umweltveränderungen im Allgemeinen und Umweltkatastrophen im Besonderen.

Über 90 % der Umweltkatastrophen ließen sich auf extreme Wetterereignisse zurückführen (vor allem Sturmfluten und Überschwemmungen), weniger als 10 % waren durch Veränderungen der Erdkruste (Erdbeben, Vulkanausbrüche) ausgelöst worden. Für die Zukunft wird angenommen, dass vor allem der Anstieg des Meeresspiegels aufgrund des Klimawandels vermehrt zu Umweltkatastrophen führen wird. Die Klimaforschung geht davon aus, dass der Meeresspiegel im 20. Jahrhundert insgesamt um 15 bis 20 cm angestiegen ist. Inzwischen hat sich das Tempo im Vergleich zum Zeitraum 1900–1990 mehr als verdoppelt, gegenwärtig wird ein Anstieg von beinahe 0,4 cm pro Jahr verzeichnet. Aktuelle Modelle rechnen mit einem Anstieg bis zum Jahr 2100 von einem Meter und mehr.

Als unmittelbar gefährdet gelten aus diesem Grund in den kommenden Jahrzehnten jene Bevölkerungen, die in Küstenzonen bzw. auf Inseln zu finden sind, die nicht mehr als einen Meter aus dem Meer hervorragen. Das sind gegenwärtig ca. 150 Mio. Menschen. Dazu zählen rund 7 Mio. Inselbewohnerinnen und -bewohner, die im Pazifischen und im Indischen Ozean auf sog. »versinkenden Inseln« (*sinking islands*) leben (wie die Malediven, die Marshall-Inseln, Palau und die Salomon-Inseln, Tuvalu, Nauru und Kiribati). Erheblich größer ist mit ca. 100 Mio. der Umfang der gefährdeten Bevölkerungen in den Mündungsgebieten großer Flüsse bzw. Flusssysteme insbesondere in Asien (Brahmaputra, Ganges, Indus, Jangtse, Mekong, Perlfluss).

Für die Küstenzone Bangladeschs soll der Anstieg des Meeresspiegels bis 2050 eine Verringerung der Siedlungsfläche um 16–18 % zur Folge haben, auf der 13–15 % der Bevölkerung des Landes leben. Für Ägypten sprechen Schätzungen für 2050 von einem Verlust an besiedlungsfähiger Fläche von 15–19 %, die 14–16 % der Gesamtbevölkerung betreffen. Der Anstieg des Meeresspiegels dürfte damit auch zu einem Verlust von Ackerland führen. Dies wiederum hätte Folgen für die Nahrungssicherheit. Viele der tiefer gelegenen Küstenregionen Asiens sind insofern »Kornkammern« der Welt, als sich hier ein großer Teil der globalen Reisproduktion konzentriert, von der Millionen Menschen direkt oder indirekt abhängig ist. Schätzungen sprechen von einer Gefährdung der Reisversorgung von rund 200 Mio. Menschen durch den Anstieg des Meeresspiegels.

Das Ausmaß der Gefährdung durch den Anstieg des Meeresspiegels steigt vornehmlich deshalb, weil Hochwasserlagen und Sturmfluten zunehmend mehr Schäden anrichten, die Erosion der Küstenstreifen (insbesondere von Sandbänken bzw. Dünen und Stränden sowie Mangroven und Salzmarschen) zunimmt und die Süßwasservorräte von Versalzung bedroht sind. Zu bedenken ist freilich, dass in vielen Fällen die Wirkung des Meeresspiegelanstiegs deutlich geringer ist, als jene der (ebenfalls menschengemachten) Bodensenkungen: Diverse Küstenstädte sinken beschleunigt ab, weil Grundwasser in immer größerem Ausmaß entnommen wird, zahllose Bauten und Bauprojekte den Boden verdichten und Staudämme vielfach die Sedimente aufhalten, die über lange Zeiträume die Mündungsdeltas von Flüssen haben in die Höhe wachsen lassen: Bangkok ist im 20. Jahrhundert ebenso wie New Orleans um rund drei Meter abgesunken, Jakarta sogar um vier Meter, weshalb inzwischen rund 40 % der Fläche der Stadt, die 10 Mio. Menschen beherbergt, unterhalb des Meeresspiegels liegen. Vor diesem Hintergrund werden in Indonesien aktuell Planungen vorangetrieben, die Hauptstadt des Landes auf die Insel Borneo zu verlegen. Mit Tokio ist auch die größte Stadt der Welt im 20. Jahrhundert um vier Meter abgesunken.

Wechselwirkungen von menschengemachter Bodensenkung, menschengemachtem Meeresspiegelanstieg und die durch ihn hervorgebrachten Veränderungen von Küstenzonen könnten zukünftig viele weitere Städte vor Herausforderungen stellen: Von den 50 größten Städten der Welt finden sich 30 am Meer: Unter allen städtischen Agglomerationen mit einer Bevölkerung von jeweils mehr als 8 Mio. sind rund zwei Drittel Küstenstädte. Die Küstengebiete weltweit, die weniger als fünf Meter über dem Meeresspiegel liegen, beherbergen 380 Mio. Menschen. Die Gebiete, die keine zehn Meter über dem Meeresspiegel liegen, machen ca. 2 % der Landfläche der Erde aus, hier leben aber über 10 % der Weltbevölkerung.

Unterschiedlich ausgeprägte gesellschaftliche Anpassungskapazitäten

Insbesondere im Globalen Norden können aufwändige und teure technische Infrastrukturen die Folgen des Meeresspiegelanstiegs minimieren, indem beispielsweise Deiche gebaut bzw. erhöht, Fluttore errichtet oder Siedlungen auf das Wasser verlagert werden. In vielen Gesellschaften des Globalen Südens stehen Ressourcen (Geld, Infrastrukturen, Kompetenzen) für solcherart Anpassungen nicht im erforderlichen Umfang zur Verfügung. Hier macht sich der Anstieg des Meeresspiegels häufig als ein Verstärken der ohnehin Jahr um Jahr auszumachenden Hochwasserlagen bemerkbar, die zu Überschwemmungen führen, die sich wiederum aufgrund von Rückkopplungseffekten verstärken können, weil Schutzeinrichtungen zerstört werden. Mögliche Reaktionen sind Fortzüge kürzerer Dauer in die nähere Umgebung, die zum Teil auf längere Sicht in eine dauerhafte Abwanderung münden.

Dabei können Möglichkeiten der räumlichen Bewegung, wie einige Studien zeigen, für Frauen in weit geringerem Ausmaß bestehen als für Männer. Für Bangladesch, Indien und Pakistan ist die erheblich höhere Zahl der weiblichen Opfer von Flutkatastrophen mit deren beschränkte(re)n Mobilitätsmöglichkeiten erklärt worden: Sie haben einen begrenzteren Zugriff auf Fahrzeuge als Männer, vor allem motorisierte Fahrzeuge, erlernen seltener als Männer das Schwimmen, verfügen über geringere Möglichkeiten der Information über Risiken und über aktuelle Bedrohungen sowie über die Chancen, ihnen zu entgehen. Schließlich sind Frauen oft verpflichtet und sehen sich verpflichtet, sich um Kinder und ältere Familienmitglieder zu kümmern, was zu einer weiteren Bindung an einen Ort beziehungsweise an ein Haus führt. Gelten solche patriarchalischen Strukturen, haben Frauen bei Katastrophen, für die ein plötzliches Auftreten konstitutiv ist, folglich deutlich weniger Handlungsmöglichkeiten als Männer und können sich seltener retten. Ermittelt worden ist vor diesem Hintergrund eine achtmal höhere Wahrscheinlichkeit für Frauen, im Falle einer Umweltkatastrophe umzukommen.

Ungleiche Rechte, ungleiche Machtstrukturen und ungleiche Ressourcen können mithin dazu führen, dass verschiedene soziale Gruppen über unterschiedliche Möglichkeiten verfügen, sich bei Überschwemmungen oder extremen Wetterereignissen in Sicherheit zu bringen. Und das gilt keineswegs nur für Gesellschaften des Globalen Südens: Im Kontext des Hurrikans Katrina in New Orleans Ende August 2005 gelang es Angehörigen der Mittelschicht in der Regel frühzeitig, die Stadt zu verlassen. Mittellose Menschen (und das heißt vornehmlich auch: Angehörige von Minderheiten) hingegen mussten in New Orleans verbleiben oder wurden erst spät evakuiert – und konnten seltener, deutlicher später oder gar nicht nach dem Abklingen des Hurrikans und der Überschwemmungen zurückkehren. Die Forschung spricht in solchen Kontexten davon, dass Teile der Bevölkerung, die nicht über die nötigen Ressourcen, Netzwerke und Informationen verfügen, am Aufenthaltsort »gefangen« (*trapped*) sind und die Katastrophe ihre soziale Verletzlichkeit und Immobilität noch weiter erhöht.

Wenngleich sich einzelne spezifische Muster im Kontext des (Nicht-)Ausweichens bzw. des (Nicht-)Ausweichen-Könnens vor Umweltkatastrophen ausmachen lassen, die vornehmlich auf Strukturen der Ungleichheit (vom Weltmaßstab bis auf die Ebenen von Individuen) verweisen, muss doch festgehalten werden, dass jedes Ereignis ein Einzelfall bleibt: Mal ist eine Abwanderung auf einige Tage beschränkt, weil eine Überschwemmung rasch zurückgeht. Dann wiederum sind die Zerstörungen derart weitreichend, dass eine Rückkehr auf längere Sicht oder auf Dauer unmöglich erscheint. In anderen Fällen führt die Katastrophe sogar zu Zuwanderungen, weil die Wiederaufbauarbeiten einen erheblichen Arbeitskräftebedarf mit sich bringen. Zum Teil ermöglicht die Existenz einer diversifizierten Ökonomie das Ausweichen aus einem Erwerbsbereich, der besonders stark von Umweltveränderungen betroffen war. Beobachten lassen sich aber auch Konstellationen, in denen das betroffene lokal oder regional begrenzte Kollektiv in höchstem Maße auf das Bebauen von

Land und auf die Nutzung natürlicher Ressourcen angewiesen ist, weshalb Umweltveränderungen die Erwerbsmöglichkeiten erheblich beschränken und Erwerbsalternativen nicht zur Verfügung stehen. Oder es handelt sich um Nomadinnen und Nomaden, für die eine Anpassung an Umweltbedingungen durch räumliche Bewegungen seit Jahrhunderten zwar eine alltägliche Praxis ist. Sie können aber besonders selten auf Unterstützung zählen, weil sie häufig dem jeweiligen politischen Kollektiv ohnehin nur als begrenzt zugehörig verstanden werden.

Mal gelten Katastrophen als ein Schicksal oder eine unausweichliche (göttliche) Strafe, der sich nicht entkommen lässt oder die gar Läuterung zu bringen verspricht. In anderen Fällen werden sie vor dem Hintergrund der plötzlichen Zerrüttung sozialer Systeme sowie der fundamentalen Störung von Alltagsroutinen als derart schwerwiegend verstanden, dass ein Verbleiben unmöglich erscheint. Es lassen sich auch Beispiele finden, in denen bereits gesellschaftliche Debatten über zukünftig möglicherweise eintretende Gefährdungen zu Abwanderungen führen. Veränderungen oder Katastrophen werden also im Blick auf das Ausmaß der Risiken und der Bedrohung sehr unterschiedlich eingeschätzt und führen deshalb zu ganz verschiedenen (migratorischen) Handlungen – das gilt in gleichem Maße für die Einschätzung von Alternativen zur Abwanderung, also anderen Formen der Reaktion auf den Wandel, der mit einer Umweltkatastrophe oder mit schleichenden Umweltveränderungen einhergeht: Individuen, Familien oder Kollektive müssen immer darüber entscheiden, ob sich eher durch das Bleiben oder eher durch das Gehen Handlungsmöglichkeiten sichern oder weitere Handlungsmöglichkeiten erschließen lassen.

Schließlich verbinden sich mit Katastrophen vielfältige und zum Teil tiefgreifende Emotionen, die ebenfalls Entscheidungen über das Bleiben oder über das Gehen beeinflussen können: Panik (die zu »Schockmobilitäten« führen kann), Angst um das eigene Leben oder jenes von Mitgliedern von Familie und Netzwerk, Sorge angesichts des Verlusts von Besitz und Erwerbsmöglichkeiten, Entsetzen angesichts der Zerstörungen, Empfindungen des Schmerzes und der Trauer angesichts von Todesfällen im unmittelbaren Umfeld.

Technische Anpassungen an Umweltveränderungen und ihre migratorischen Folgen

Migration kann auch das Ergebnis von Projekten sein, die den Anspruch verfolgen, die Zukunftsfähigkeit von Gesellschaften zu erhöhen, Umweltveränderungen aufzuhalten oder Umweltkatastrophen zu verhindern. Meist handelte es sich dabei um große Infrastrukturmaßnahmen, wie z. B. den Bau von Staudämmen oder Hafenanlagen, großflächige Abholzungen oder den Abbau von Bodenschätzen. Zwischen 1949 und dem Jahr 2000 sollen an die 20 Mio. Menschen in Indien und mehr als 45 Mio. in China vor dem Hintergrund solcher Projekte evakuiert bzw. vertrieben worden sein. Schätzungen sprechen für die 1990er-Jahre sogar von 90–100 Mio. Betroffenen, davon mussten 40–80 Mio. dem Bau von großen Staudämmen weichen. Im Jahr 2012 sollen allein in Indien 9,1 Mio. Personen betroffen gewesen sein, in Nigeria 6,1 Mio. und in China 5,7 Mio. Für das Jahr 2018 belaufen sich die Schätzungen auf je 3,8 Mio. für die Philippinen und China sowie 2,7 Mio. für Indien.

In der Regel betrafen und betreffen sie Menschen, die von der Nutzung des Bodens oder anderer natürlicher Ressourcen (zum Beispiel Fischerei oder Jagd) lebten. Der Verlust der Existenzgrundlage bedeutet, selbst wenn Entschädigungen gezahlt oder neue Unterkünfte zur Verfügung gestellt werden, nicht selten eine erhebliche Beschränkung der Handlungsmöglichkeiten der Betroffenen. Das galt auch für an die 2 Mio. Menschen, die im Zuge des Baus der Drei-Schluchten-Talsperre im Jangtsekiang seit 1993 ausweichen mussten, weil ein mehr als 600 km langer Stausee entstand. Begründet wurde der Bau nicht nur mit dem Energiebedarf für eine wachsende Ökonomie, sondern auch mit den Erfordernissen des Hochwasserschutzes, hatten doch Überschwemmungen des Jangtsekiang allein im 20. Jahrhundert Millionen von Toten zur Folge gehabt – Umsiedlungen unter Einsatz staatlicher Gewalt also, um Todesopfer und Vertreibungen durch Überschwemmungen zu vermeiden.

In aller Regel wurden die von den Umsiedlungen betroffenen Menschen nicht in die Planungen für den Ablauf einbezogen. Eigentumsrechte sind ebenso missachtet worden wie die Logiken der jeweiligen Produktionsweisen und die sozialen Gefüge, die durch die Umsiedlung ge- oder zerstört wurden. In der Regel betrafen derlei Umsiedlungen solche Menschen, die ohnehin über geringe Handlungsmöglichkeiten verfügten: Mittellose, also mit wenig Ressourcen ausgestattete Menschen, Bewohnerinnen und Bewohner von Slums oder ländlich-peripherer Räume, Angehörige von religiösen oder sprachlichen Minderheiten – mithin Gruppen am Rand der Städte und am Rand der Gesellschaft, die nicht über die Macht verfügen, sich in politischen Debatten oder in den Medien Gehör zu verschaffen, sich selbst zu repräsentieren, ernst genommen zu werden oder mächtige(re) Unterstützer zu finden.

Grenzüberschreitende Migration versus Binnenwanderungen

Der Blick auf den Nexus von Migration, Klimawandel und Umweltveränderungen wirft die Frage nach potenziellen Zuwanderungszielen auf. Dass dabei der Globale Norden im Vordergrund stehen wird, steht nicht zu erwarten. Wie bereits hervorgehoben, erweisen sich die Folgen des Klimawandels und anderer menschengemachter Umweltveränderungen vor allem im Globalen Süden als besonders stark ausprägt. Zugleich aber bewegt sich die Migration zwischen dem Globalen Süden und dem Globalen Norden auf einem relativ niedrigen Niveau. Gegenwärtig beschränkt sich grenzüberschreitende Bewegung von Menschen im Wesentlichen auf das wohlhabendere Fünftel der Weltbevölkerung. Verantwortlich dafür sind vornehmlich drei Aspekte: mangelnde Ressourcen, fehlende Netzwerke und restriktive Migrationspolitiken.

So bildet das Vorhandensein finanzieller Mittel eine wesentliche Voraussetzung für die Entwicklung eines individuellen Migrationsprojekts: Es gilt, Reisekosten zu bezahlen, viele (potenzielle) Migrantinnen und Migranten verfügen nicht über die nötigen Rechte, ihr Herkunftsland zu verlassen und Grenzen von Transit- und Zielstaaten zu passieren, weil sie keine Pässe und Visa haben. Bewegen sie sich dennoch, sind sie mit deutlich erhöhten Kosten für die Migration konfrontiert, müssen beispielsweise Schlepper teuer bezahlen oder Umwege in Kauf nehmen. Ihre Bewegung wird verlangsamt, sie unterliegen auf ihrem Weg immer wieder einer Immobilisierung, weshalb in der Forschung auch von »gestrandeten Migranten« (*stranded migrants*) und »zerstückelten Reisen« (*fragmented journeys*) die Rede ist. Zudem ist die Ankunft in einem Zielland meist nicht sofort mit der Aufnahme einer bezahlten Tätigkeit verbunden. Sparkapital wird verbraucht, Geld muss geliehen werden. Vor dem Hintergrund einer relativ geringen ökonomischen, politischen und migratorischen Vernetzung zwischen Globalem Süden und Globalem Norden ist außerdem der Umfang der Kontinente übergreifenden verwandtschaftlich-bekanntschaftlichen Netzwerke und damit das verlässliche Wissen über die Chancen eines Aufenthalts im wohlhabenden Globalen Norden im größten Teil der ärmeren Bevölkerung der Welt gering. Schließlich sind die Grenzen im Globalen Norden im Wesentlichen nur relativ offen für Fachkräfte bzw. für Hochqualifizierte, die meist ebenfalls aus dem Globalen Norden kommen.

Bewegungen über große Distanzen sind also voraussetzungsvolle Projekte, deren Umsetzung materielle und immaterielle Ressourcen in erheblichem Umfang erfordern. Schleichende, vor allem aber rapide Umweltveränderungen verschlechtern in der Regel die Ausstattung mit Ressourcen. Die Handlungs- und damit die Bewegungsfähigkeit der Menschen in den Desasterzonen wird folglich weiter beschränkt, wie sich etwa auch an der langen Geschichte des Ausweichens vor Hungerkatastrophen und der migratorischen Reaktionen auf »gescheiterte Staaten« (*failed states*) verdeutlichen lässt.

Auch nach Einschätzung des Wissenschaftlichen Beirates der Bundesregierung »Globale Umweltveränderungen« wird der reiche

Norden der Welt als Hauptverursacher des Klimawandels aller Voraussicht nach nicht oder nur in geringerem Maße von umweltbedingten Veränderungen des Wanderungsgeschehens im Globalen Süden betroffen sein. Der größte Teil der Bewegungen wird kleinräumig bleiben und als Süd-Süd-Migration stattfinden. Darüber hinaus dürfte in der Regel der Aufenthalt andernorts auf kürzere Zeitabschnitte begrenzt bleiben, vor allem dann, wenn die Nutzung von natürlichen Ressourcen die Haupterwerbsquelle bildet und nur die Rückkehr in die Herkunftsorte den Zugriff auf Eigentums- oder Verfügungsrechte ermöglicht. Nicht selten werden außerdem nur einzelne Haushaltsmitglieder die betroffene Zone verlassen, um das Überleben der Zurückbleibenden durch Erwerbstätigkeit in der Ferne und das Überweisen von Geld zu sichern, den Verlust von Ressourcen (Vieh, Gerätschaften, Gebäude) wettzumachen, Risiken zu minimieren und Anpassungsmöglichkeiten zu verbessern.

»Umweltflüchtlinge«: Debatten um die Gewährung von Schutz und Sicherheit

Verschiedentlich ist gefordert worden, die weltweit für die Vergabe eines Schutzstatus maßgebliche Genfer Flüchtlingskonvention von 1951 zu erweitern und eine Abwanderung aufgrund des Klimawandels als Schutzgrund anzuerkennen. Das ist bislang von internationalen Organisationen und Staaten abgelehnt worden: Die Konvention definiert Flucht als das Verlassen des Herkunftslandes aufgrund der begründeten Furcht vor Verfolgung wegen der »Rasse, Religion, Nationalität, Zugehörigkeit zu einer bestimmten sozialen Gruppe« der Betroffenen »oder wegen ihrer politischen Überzeugung«. Argumentiert wird, dass eine Bewegung aufgrund von Umwelt- bzw. Klimaveränderungen den Tatbestand einer Verfolgung nicht erfülle: Ein Verfolger sei ebenso wenig auszumachen wie in der Regel ein

Akteur, der die Bewegung verursacht habe. Wegen der unterschiedlichen, sich überlagernden Migrationsmotive der Betroffenen, lasse sich ein umweltbedingter Hintergrund einer Bewegung häufig kaum eindeutig feststellen. Darüber hinaus werde, so die kritische Position gegenüber einer Erweiterung des Kanons der Fluchtgründe weiter, die ohnehin bereits geringe Bereitschaft zur Aufnahme von Schutzsuchenden in vielen Staaten noch weiter sinken. Außerdem überschreite ein Großteil der Betroffenen keine nationalen Grenzen, weshalb sie zu der Gruppe der »Binnenvertriebenen« (*internally displaced people*, IDPs) zu zählen seien, die nicht unter die Genfer Flüchtlingskonvention fallen.

Zwar hat die UN im Rahmen der 1998 verabschiedeten »Leitlinien betreffend Binnenvertriebene« Natur- und Umweltkatastrophen als Abwanderungsgründe klassifiziert, die einen Schutz rechtfertigen. Da diese Leitlinien aber für die UN-Mitgliedstaaten nicht rechtsverbindlich sind, bestimmen ausschließlich sie über das Ausmaß des Schutzes und der Leistungen gegenüber ihren Staatsangehörigen im Falle solcher Ereignisse. Eine Ausnahme bilden allerdings die Mitgliedstaaten der Afrikanischen Union, die sich im Rahmen der 2012 in Kraft getretenen Kampala-Konvention verpflichtet haben, »Binnenvertriebene« im Sinne der UN-Leitlinien, also auch unter Einschluss jener Menschen, die vor Natur- und Umweltkatastrophen innerhalb des Herkunftsstaates ausgewichen sind, zu schützen. Ob ein solcher Schutz allerdings bislang in einem größeren Umfang gewährt worden ist, lässt sich nicht ausmachen.

Selbst wenn der Klimawandel bzw. menschengemachte Zerstörungen der Umwelt als für einen Asylantrag relevant eingeschätzt werden sollten: Die Führung des individuellen Nachweises im Rahmen eines Asylverfahrens dürfte ausgesprochen schwierig werden. Wie sollte es gelingen, zu belegen, dass eine Flutkatastrophe oder ein Hurrikan Ergebnis menschlichen Handelns war? Und wie sollte es gelingen, deutlich zu machen, dass nicht fehlender Deichbau oder instabile Häuser aufgrund von geringer Ressourcenausstattung oder mangelnder Regierungsführung Schuld an der Misere waren, dass nicht die Ansiedlung in Risikogebieten aufgrund hoher Einwohnerdichte, hervorgerufen durch starkes Bevölkerungswachstum, und dass auch nicht zu geringe Vorratshaltung, zu späte Alarmierung, zu wenig Schutzräume usw. Menschen zur Abwanderung wegen einer Umweltkatastrophe nötigten?

Im Falle von grenzüberschreitenden Bewegungen gilt: Bislang ist nicht in einem einzigen Fall der Status des »Flüchtlings« im Sinne der Genfer Flüchtlingskonvention aufgrund eines Ausweichens vor Umweltzerstörungen zuerkannt worden. Zwar verfügen alle Staaten über Spielräume, Menschen, die eine räumliche Bewegung wegen einer umweltbedingten Krise unternehmen, über ausländerrechtliche oder über asylrechtliche Regelungen aufzunehmen. Selten aber sind bislang in einzelnen Staaten je eigene gesetzliche Regelungen für solche Fälle entwickelt worden. So können in Finnland Betroffene humanitären Schutz bei einer Umweltkatastrophe einfordern und einen befristeten Aufenthaltstitel erhalten. In den USA können Personen um den sog. *Temporary Protected Status* (TPS) auch aufgrund von Umweltkatastrophen nachsuchen, wenn sie belegen, dass eine Rückkehr in ihr Herkunftsland eine Gefahr für Leib und Leben bedeutet. Dieser Schutzstatus wird jedoch nur an Personen aus ausgewählten Herkunftsländern vergeben.

Gegenwärtig lässt sich kein erhebliches politisches Interesse ausmachen, ein international verbindliches Schutzinstrumente im Kontext umwelt- oder umweltkatastrophenbedingter Migration zu entwickeln. Allerdings ist es im Herbst 2015 im Rahmen eines mehrjährigen zwischenstaatlichen Prozesses (»Nansen-Initiative«) gelungen, eine »Agenda für den Schutz von grenzüberschreitenden Katastrophenvertriebenen im Kontext von Katastrophen und Klimawandel« zu verabschieden, der sich 110 Staaten anschlossen. Darüber hinaus haben die UN-Mitgliedstaaten im Rahmen des Ende 2018 von der Generalversammlung der Vereinten Nationalen angenommenen »Globalen Paktes für Flüchtlinge« (*Global Compact on Refugees*) anerkannt, dass es über politische und rechtliche Maßnahmen zum Umgang mit Migrationsbewegungen nachzudenken gelte, die durch »natural disasters and environmental degradation« ausgelöst worden seien.

Schluss

Mechanistische Vorstellungen, die von einem einfachen Ursache-Wirkung-Schema ausgehen, verbieten sich im Hinblick auf das Wechselverhältnis von Klimawandel, Umweltveränderungen und Migration. Selbst ein weitreichender Wandel der Umweltverhältnisse in einem Raum führt nicht per se zu vermehrter Migration. Zahlreiche Faktoren sind vielmehr zu bedenken, wenn den migratorischen Effekten der Veränderung der Umweltbedingungen von Menschen nachgespürt wird. In der Regel wirkt der Wandel der Umweltverhältnisse indirekt, weil er relevant ist für Erwerbsmöglichkeiten, Zugang zu Ressourcen oder politische Stabilität und diese wiederum für die Entscheidung von Menschen, Haushalten oder Kollektiven bedeutsam sein können (aber nicht müssen), Migrationen zu unternehmen.

Umweltveränderungen verschlechtern häufig – meist ohnehin prekäre – ökonomische Grundlagen. Sie können, wenn Anpassungskapazitäten fehlen, politische Konflikte, auch solche gewaltsamer Art, nach sich ziehen, weil Verteilungskämpfe um knappe Ressourcen an Bedeutung gewinnen. In Regionen, in denen geringe politische Stabilität und schwach ausgeprägte staatliche Problemlösungskapazitäten, krisenanfällige Ökonomien und gesellschaftlicher Unfriede herrschen, vermögen umweltbedingte Krisen die Vulnerabilität, also die Verletzlichkeit der lokalen Gesellschaften, noch zu steigern. Hier können sie sogar als Katalysator wirken und den Zusammenbruch einer ohnehin labilen Ordnung anstoßen. Demgegenüber kann davon ausgegangen werden, dass stabile politische, soziale und ökonomische Systeme weitaus eher in der Lage sind, Reaktionsmuster zu entwickeln, die eine konfliktärmere Bewältigung der Folgen des Wandels der Umweltverhältnisse erwarten lassen.

Selbst wenn sich ein Wille zur Abwanderung in der individuellen und kollektiven Auseinandersetzung mit einer Verschlechterung der Existenzbedingungen vor Ort durch den Klimawandel ergeben mag, müssen zahlreiche Bedingungen erfüllt sein, damit überhaupt eine

Bewegung erfolgen kann. Chancen, eine Migration zu unternehmen, sind weltweit und in den verschiedenen Gesellschaften in höchstem Maße ungleich verteilt und nicht zuletzt von der Ressourcenausstattung potenzieller Migrantinnen und Migranten abhängig. Und sowohl schleichende als auch plötzlich auftretende Umweltveränderungen zerstören Ressourcen, können also für viele Menschen vor Ort die Möglichkeit weiter beschränken, durch eine räumliche Bewegung auf den Wandel der Umweltverhältnisse zu reagieren.

Das heißt also: Umweltzerstörung kann Menschen mobilisieren, aber auch immobilisieren. Mobilität oder Immobilität hängt von den jeweiligen Bedingungen vor Ort ab und von der jeweiligen Ausstattung mit Ressourcen – aber auch von der individuellen und kollektiven Wahrnehmung der eingetretenen oder vermuteten Veränderung sowie von den je spezifischen Vorstellungen darüber, ob eine räumliche Bewegung zu einer Verbesserung der Situation führen könnte.

Literatur

Felgentreff, Carsten/Geiger, Martin (Hrsg.) (2013): Migration und Umwelt (IMIS-Beiträge, H. 44), Osnabrück. https://repositorium.ub.uni-osnabrueck.de/bitstream/urn:nbn:de:gbv:700-2016090714938/2/imis44.pdf [Zugriff: 16.02.2021].

Ionesco, Dina/Mokhnacheva, Daria/Gemenne, François (2017): Atlas der Umweltmigration. München: oekom.

McLeman, Robert/Gemenne, François (Hrsg.) (2018): Routledge Handbook of Environmental Displacement and Migration. New York: Routledge.

McLeman, Robert/Schade, Jeanette/Faist, Thomas (Hrsg.) (2015): Environmental Migration: and Social Inequalities. New York: Springer.

Piguet, Etienne (2017): Die klimabedingte Migration – eine Bedrohung für Europa? In: Haug, Werner/Kreis, Georg (Hrsg.), Zukunft der Migration. Zürich: NZZ libro, S. 142–149.

Die gesellschaftliche Resonanz auf den Klimaschutz: Von der Akzeptanz zur bürgerschaftlichen Mitwirkung

Ortwin Renn

Einleitung

Angesichts der weltweit steigenden Lebenserwartung und der Verbesserung der Lebensverhältnisse in der überwiegenden Zahl der Länder kann die Weltgemeinschaft zweifellos stolz darauf sein, trotz erheblichen Bevölkerungswachstums und Ressourcenknappheit die Lebensverhältnisse der Menschen insgesamt verbessert und ihre

Lebenschancen erhöht zu haben. Aber diese Errungenschaften sind keineswegs gesichert und zudem höchst ungleich über die Welt verteilt. Dazu treten neue ökologische, ökonomische und soziokulturelle Bedrohungen für die gesamte Menschheit. Hinter vielen der positiven Entwicklungen verbirgt sich eine Reihe von versteckten Risiken, die nicht genügend beachtet werden und bei denen die relevanten Akteure weltweit nach wie vor große Probleme haben, sie effektiv zu begrenzen. Das gilt für Risiken wie den Klimawandel, die Verunreinigung der Meere, Gewässer und der Luft, Hungersnöte sowie andere ökologische Katastrophen, ebenso wie für die Weltwirtschaftskrise, Erschütterungen der Finanzmärkte, Flüchtlingsströme und andere Krisenbereiche. Nicht zuletzt sind es Pandemien wie die Covid-19-Krise im Jahr 2020, die augenfällig die Verwundbarkeit der Weltgemeinschaft aufzeigen.

Die OECD hat dafür unlängst die neue Kategorie der »systemischen Risiken« eingeführt. Die sog. systemischen, schleichenden Risiken werden eher unterschätzt bzw. erhalten nicht die gleiche Aufmerksamkeit wie plötzlich eintretende, katastrophale Auswirkungen. Dabei sind vor allem drei globale Gefahrenherde zu beachten:

- die Zunahme gravierender menschlicher Eingriffe in die Natur (Klimawandel, Schadstoffausstoß, Flächen- und Wassernutzung)
- mangelnde und wenig effektive Steuerung von zentralen Prozessen in Wirtschaft und Politik (Kapitalmärkte, Korruption, Kapazitätsdefizite)
- negative Begleiterscheinungen der Globalisierung, Digitalisierung und Modernisierung (ungleiche Lebensbedingungen, mangelnde Sicherheit, Cyberrisiken, Bedrohung der Privatsphäre, Identitätsverluste).

Der Blick auf die systemischen Zusammenhänge ist aber nicht leicht zu vermitteln. Komplexe Wechselwirkungen sind intuitiv schwer zu durchschauen und die häufig mit systemischen Risiken verbundenen nicht linearen Wirkungsketten widersprechen weitgehend dem gesunden Menschenverstand. Gleichzeitig sind aber ein besseres

Verständnis und eine höhere Aufmerksamkeit für die systemischen Bedrohungen Voraussetzung dafür, dass Gesellschaften die Risiken erkennen und beherzt Strategien entwerfen, um besser damit umzugehen.

Die folgenden Kapitel beschreiben zunächst die besonderen Eigenschaften von systemischen Risiken und fokussieren dann auf den Klimawandel als einen Prototyp dieser neuen Risikoklasse. Im Vordergrund steht dabei die Beobachtung, dass die meisten Menschen den Klimawandel kennen und auch als wichtige Bedrohung wahrnehmen, aber weder im eigenen Verhalten noch in der Unterstützung von kollektiv wirksamen Maßnahmen zum Schutz des Klimas entsprechend konsistente Handlungen zeigen. Warum das so ist, wird unter »Warum werden systemische Risken wie der Klimawandel unterschätzt« näher erläutert. Anschließend geht es um die Frage, von welchen Faktoren die Akzeptanz von Klimaschutzmaßnahmen abhängen und mit welchen Mitteln der Kommunikation und Partizipation eine größere Bereitschaft für weitreichenden Klimaschutz angeregt werden kann.

Merkmale systemischer Risiken

Um genauer zu beschreiben, was ein Risiko zu einem *systemischen* Risiko macht, lassen sich folgende typische Merkmale hervorheben (Lucas u. a. 2018):

- Systemische Risiken wirken global oder zumindest lokal übergreifend. Sie können nicht mehr auf eine bestimmte Region eingegrenzt werden. Solche Risiken können zwar lokal ausgelöst werden, ihre Wirkungen greifen dann aber auf viele andere Regionen über.
- Systemische Risiken sind eng vernetzt mit anderen Risiken und strahlen auf unterschiedliche Wirtschafts- und Lebensbereiche aus – ohne dass man dies immer auf den ersten Blick erkennen

kann. Diese komplexen Zusammenhänge machen es auch wahrscheinlich, dass bei Störungen nicht nur Teilsysteme oder Komponenten von Systemen, sondern die Funktionalität des gesamten Systems gefährdet ist.

- Systemische Risiken sind nicht durch lineare Modelle von Ursache- und Wirkungsketten beschreibbar, sondern folgen stochastischen Wirkungsbeziehungen. »Stochastisch« bedeutet hier, dass gleiche Ursachen nicht zu identischen Ergebnissen führen, sondern zu einer Bandbreite von Folgen, die jedoch keineswegs beliebt oder zufällig sind, sondern mit einer bestimmten Wahrscheinlichkeit eintreten. Der Raum der Folgen einer Ursache ist also mit Wahrscheinlichkeitsfunktionen mathematisch beschreibbar. Die Stochastik hat auch das Weltbild der klassischen Naturwissenschaften stark beeinflusst und verändert.
- Nicht lineare Beziehungen mit Schwellenwerten (*tipping points*) sind ein weiteres wesentliches Merkmal systemischer Risiken. Das bedeutet, dass man eine Aktivität lange Zeit fortsetzen kann, ohne dass es zu nennenswerten Auswirkungen kommt. Sobald aber ein bestimmter Wendepunkt überschritten ist oder man sich in einem Korridor bewegt, in dem solche Wendepunkte gehäuft anzutreffen sind, tritt die Folge mit großer Wucht ein und lässt sich oft auch nicht mehr nachträglich korrigieren. In der Nähe des *tipping points* können schon marginale Veränderungen einer oder mehrerer Ursachen zu unerwartet großen Ausschlägen bei den Wirkungen führen.

Eine Folge der genannten Kennzeichen systemischer Risken ist ihre Unterschätzung durch Politik und Gesellschaft. Es ist keineswegs so, dass die meisten Menschen diese Risiken nicht kennen. Viele der systemischen Risiken sind wissenschaftlich identifiziert, analysiert und bewertet worden. Einige davon, wie etwa die Risiken für das Weltklima oder Pandemien, stehen sogar im Mittelpunkt vieler wissenschaftlicher und politischer Aktivitäten. Auch die Bevölkerung kennt diese Risiken und stuft sie als »relevant« ein. Allerdings fällt die bisherige Bilanz der Wirksamkeit von risikobegrenzenden und -regulierenden Maßnahmen

Tab. 2: Merkmale systemischer Risiken

Merkmale	***Erläuterung***
Zusammenbruch der Systemfunktionalität	Tritt das Risiko ein, kollabiert das gesamte vernetzte System, völliger Ausfall
Grenzüberschreitend, zum Teil global	Der Schaden ist über die Systemgrenzen hinaus zu beobachten, macht auch nicht vor politischen und regionalen Grenzen halt (Beispiel Pandemie).
Komplex und vernetzt	Alle Elemente des Systems sind eng miteinander gekoppelt, kleine, unscheinbare Veränderungen können große Schäden hervorrufen.
Stochastisch	Ursache- und Wirkungsketten sind nur durch Wahrscheinlichkeiten beschreibbar.
Nicht-linear mit Schwellenwerten	Größere Schäden können plötzlich auftreten und sind dann kaum mehr beherrschbar.

Quelle: eigene Zusammenstellung

außerordentlich mager aus. Die meisten Menschen sind sich also dieser Risiken bewusst, tun aber wenig, um sie weiter einzugrenzen oder abzumildern.

Was steht auf dem Spiel? Systemische Risiken sind Bedrohungen, die wegen ihres globalen und vernetzten Charakters zu multiplen Kaskaden von Auswirkungen führen können und dabei grenz- und funktionsübergreifend Schäden hervorrufen. Die jüngsten Erfahrungen mit der Corona Krise sind dafür ein beredtes Beispiel: Die Epidemie breitete sich vor allem durch den internationalen Flugverkehr weltweit aus, die Ansteckungen erfolgten stochastisch mit einem klaren exponentiellem Wachstum und beim Überschreiten bestimmter kritischer Werte ließ sich eine weitere Ausbreitung kaum noch, auch nicht mit drastischen Maßnahmen, verhindern, bestenfalls verlangsamen.

Ähnliches gilt, wenn auch auf einer anderen Zeitskala, für den Klimawandel. Wenn bspw. die vom Menschen ausgelösten Emissionen von Treibhausgasen nicht effektiv begrenzt werden, wird es mit großer Wahrscheinlichkeit zu erheblichen Verschiebungen der Klimazonen auf der Welt kommen. Ganze Inselketten könnten im Meer versinken und Völkerwanderungen im großen Stil verursachen. Eine Reihe von sekundären Effekten ist zu erwarten, die über die Vernetzungen der Auswirkungsketten negative Rückwirkungen auf das Gesamtsystem auslösen können. Dazu gehören durch Migration und Entwurzelung ausgelöste Versorgungsengpässe, durch Frustration über die mangelnde Handlungsfähigkeit der reichen Nationen ausgelöste Aggressionen in Form von fundamentalistischen Strömungen und terroristischen Anschlägen sowie durch mangelnde Ernährungsgrundlagen ausgelöste Proteste und soziale Aufstände mit entsprechenden Folgen für Kriminalität und Verarmung sowie die durch das unterschiedliche Betroffensein vom Klimawandel bewirkte Ungleichheit der Lebenschancen. Im Rahmen der sozialen und kulturellen Risiken führt die zunehmende Unzufriedenheit mit ungerechten Vermögens- und Machtverhältnissen zu sozialer Unzufriedenheit bis hin zu aggressiven Handlungen wie sozialem Aufruhr, Fanatismus und Terrorismus. Dass dies alles ohne schwerwiegende Erschütterungen in Bezug auf die Leistungsfähigkeit und Vertrauenswürdigkeit politischer und wirtschaftlicher Ordnungssysteme erfolgen wird, glauben nicht einmal optimistisch eingestellte Menschen.

Klimawandel als Paradebeispiel für systemische Risiken

Der vom Menschen verursachte Klimawandel ist ein Paradebeispiel für alle oben genannten Merkmale systemischer Risiken:

Die Klimarisiken sind erstens globaler Natur: Unabhängig davon, wo die Emissionen stattfinden, sind die Auswirkungen weltweit spürbar. Jeder Einzelne trägt nur marginal zur Emission von klimaschädlichen Gasen bei, aber insgesamt ist der Ausstoß so hoch, dass er die Aufnahmekapazität der Natur bei Weitem übersteigt.

Die Klimarisiken sind zweitens eng mit anderen wirtschaftlichen und sozialen Krisenerscheinungen vernetzt. Sie verstärken auftretende Dürren und Hungersnöte, führen zu einer Zunahme extremer Wetterereignisse und bedrohen wegen des ansteigenden Meeresspiegels tieferliegende Siedlungen Diese Zunahme von sekundären Lebensrisiken kann Wanderungsbewegungen, soziale Unruhen und die Entwicklung neuer fundamentalistischer Strömungen beschleunigen.

Die Klimarisiken sind drittens und viertens exemplarisch für stochastische und nicht lineare Wirkungsketten mit *tipping points*. Da die Atmosphäre wesentlich komplexer reagiert als das Treibhaus im Garten, gibt es eine Menge an intervenierenden, d. h. die Kausalkette beeinflussenden Variablen, die den Klimaeffekt entweder verstärken oder abschwächen. Komplexe Computermodelle sind die einzige Möglichkeit, diese Vielzahl von Einflussfaktoren in ihrer Dynamik zu erfassen und ihren jeweiligen Nettoeffekt zu berechnen. Dabei müssen auf der einen Seite stochastische Wirkungsbeziehungen mithilfe der Wahrscheinlichkeitsrechnung einbezogen und auf der anderen Seite abrupte Wirkungsänderungen in der Vielzahl der berechneten Funktionsverläufe berücksichtigt werden.

Die Komplexität, Unsicherheit und Ambivalenz der systemischen Risiken des Klimawandels ändert sich auch nicht, wenn die Wissenschaft mehr Klimaforschung betreibt. Die Gesellschaft wird mit einem Rest an Unsicherheit und einem hohen Maß an Ungewissheit über plötzliche Kippeffekte im Klimabereich leben müssen. Gewissheiten wird es hier nie geben. Diese Tatsache wird von den Personen, die den Klimawandel leugnen, gerne als Beweis dafür gesehen, dass die These vom anthropogenen, also durch den Menschen verursachten Klimawandel auf tönernen Füßen steht. Diese Behauptung ist jedoch wenig überzeugend. Immer dann, wenn Forschungen auf komplexe und nichtlineare Systeme ausgerichtet sind, wird es – gleichgültig, wie viel Geld und wissenschaftlichen Sachverstand man auch investieren mag – zu Aussagen mit entsprechenden Unsicherheitsräumen und mehrdeutigen Interpretationsmöglichkeiten kommen. Ihre grundsätzliche Relevanz und ihr Wahrheitscharakter werden davon nicht berührt.

All dies führt zu einer faktischen Unterschätzung systemischer Risiken beim Klimawandel. Dazu mehr in nächsten Abschnitt.

Warum werden systemische Risiken wie der Klimawandel unterschätzt?

Warum werden systemische Risiken, wenn sie doch ein echtes Bedrohungspotenzial beinhalten, in unserer Gesellschaft als nicht so dringlich bewertet wie andere Risiken, die kaum ein Bedrohungspotenzial darstellen?

Klimarisiken sind schleichender Natur, d. h., wir nehmen die Auswirkungen nur als marginale Veränderungen unserer Umwelt wahr. Die intuitive Wahrnehmung ist beim Menschen darauf ausgerichtet, plötzliche Veränderungen und Ereignisse ins Visier zu nehmen (wie etwa bei der Pandemie durch Covid-19), wohingegen kontinuierliche Verschlechterungen kaum bemerkt werden. Diese Tendenz zur Unterbewertung kontinuierlich wirkender Risikoquellen wird auch durch die Mechanismen der Risikowahrnehmung unterstützt, bei denen plötzlich auftretende Katastrophen immer mehr persönliche und soziale Resonanz erzeugen als kontinuierliche Schadensfälle, selbst wenn die Zahl der Opfer in beiden Fällen gleichbleibt.

Klimarisiken sind durch komplexe Strukturen miteinander vernetzt, sodass scheinbar nicht zusammenhängende Lebensbereiche über die komplexen Ursache-Wirkungsbeziehungen an irgendeinem Glied der langen Kette aufeinander einwirken. Die den Menschen intuitiv geläufigen kausalen Denkformen sind nicht auf die Analyse komplexer Ursache-Wirkungsketten ausgerichtet. Gerade dadurch, dass systemische Risiken oft örtlich und zeitlich weit voneinander entfernt auftreten, erscheint für unser Wahrnehmungsbewusstsein eine solche Verbindung als wenig plausibel.

Klimarisiken eignen sich kaum für eine aufrüttelnde und emotional ansprechende Berichterstattung in den Medien. Dadurch, dass sich die Veränderungen nur marginal abzeichnen, fehlt der attraktive Nachrichtenwert. Nur wenn es große Konferenzen über systemische Risiken gibt, wird darüber mehr oder weniger ausführlich berichtet. Im Mittelpunkt der Berichterstattung stehen beim Klimaschutz fast immer Berichte über Konflikte zwischen den Teilnehmenden, vor allem den staatlichen Akteuren, der Wirtschaft und Vertretern der Zivilgesellschaft, etwa der Umweltverbände. Hier können die Medien die typischen Muster des Dramas einbringen. Oft genug wird darüber der eigentliche Anlass, das bestehende Klimarisiko vergessen.

Menschen lernen überwiegend durch Versuch und Irrtum. Dies ist aber genau das, was beim Klimawandel nicht funktioniert. Seine Globalität führt dazu, dass jedes Individuum davon ausgeht, dass es nur marginal an dem Risiko beteiligt sei und sich gar nichts ändere, wenn es diesen Beitrag (etwa durch Autofahren Kohlendioxid in die Luft zu entlassen) unterlassen würde. Es fehlt der Glaube an die Wirksamkeit des eigenen Handelns. Dies wird durch die Nichtlinearität der Prozesse noch verstärkt: Es geschieht lange so gut wie nichts, bis es zu einem dann schwer zu beherrschenden Schadensfall kommt. Tritt der Schaden nicht ein oder wird er nicht wahrgenommen, gibt es wenig Anreiz, ein Verhalten zu unterlassen oder zu ändern.

Darüber hinaus spielen Entwicklungslinien des technischen und sozialen Wandels eine wichtige Rolle. Globale Vernetzung, Unübersichtlichkeit der kausalen Zusammenhänge, Pluralisierung von Meinungen und Bewertungen sowie ein Vertrauensverlust in wissenschaftliche Expertisen und politische Rationalität sind hier die entscheidenden Stichworte. Die meisten systemischen Risiken sind nicht sinnlich wahrnehmbar und können nur durch wissenschaftliche Expertisen in das Bewusstsein der Menschen gebracht werden. Von daher ist man auf Vertrauen in Expertinnen und Experten angewiesen. Niemand kann aus persönlicher Erfahrung entscheiden, ob das

Ozonloch das Ausmaß der Schädigung aufweist, das uns die Wissenschaft berichtet, ob der Klimawandel tatsächlich aufgrund der Emissionen von klimaschädlichen Gasen erfolgt oder doch natürlichen Ursprungs ist oder ob wir durch unser wirtschaftliches Verhalten die Ressourcen unserer Welt über Gebühr in Anspruch nehmen. In einer Gesellschaft, in der aber wissenschaftliche Evidenz zunehmend als Ausdruck von Interessen bzw. persönlicher oder sozialer Überzeugungen gesehen wird, findet man immer genügend Stimmen, die diese systemischen Risiken verharmlosen, während andere versuchen, sie offensiv in die Öffentlichkeit zu bringen.

In diesem »Konzert« der verstärkenden und verharmlosenden Kommentare von echten oder vermeintlichen Expertinnen und Experten neigen die meisten dazu, sich auf der Gauß'schen Normalverteilung (Glockenkurve) an den Rändern zu verorten – sich also als Ausnahmen zu betrachten. Einerseits glauben viele, dass ihnen der Klimawandel nichts anhaben kann. Im Falle der Corona-Krise sind dies die Menschen, die fest davon überzeugt sind, dass die Wahrscheinlichkeit einer tödlichen Infektion für sie (etwa weil sie jung sind) gering ist und sie mit großer Sicherheit heil davonkommen. Umgekehrt gibt es auf der anderen Seite Menschen, die sich durch etwas besonders bedroht fühlen oder die davon ausgehen, dass sie einer Bedrohung durch andere ausgesetzt sind. Sie sind überzeugt davon, selbst besonders sensibel und verwundbar zu sein, und wollen gegenüber Dritten optimal geschützt werden (etwa: die Industriebosse sind schuld und die armen Bürgerinnen und Bürger sind die Opfer). Diese beiden entgegengesetzten Reaktionsweisen können zu erbitterten Konflikten zwischen Tätern und Opfern führen: Das Problem ist dabei weniger ein Wissensdefizit (beide beziehen sich – möglicherweise unbewusst – auf die gleiche, statistisch korrekte Glockenkurve), sondern die interessengebundene Selbstverortung auf dieser Kurve (entweder: es wird schon nicht so schlimm werden, dass ich mein Verhalten jetzt ändern müsste; oder: die bösen Anderen sind am Klimawandel schuld).

Wenn es darum geht, sich über die Unfähigkeit der Politik und über die Profitorientierung der Wirtschaft auszulassen, dann werden die

Botschaften verstärkt, die von einem hohen Bedrohungspotenzial der systemischen Risiken ausgehen. Wenn aber die Implikationen solcher Botschaften Rückwirkungen auf die Gestaltung des eigenen Lebens, der eigenen Handlungen oder der Beziehung zur Umwelt nahelegen, dann bevorzugen die meisten eher solche Expertisen, die bestätigen, dass all diese Bedrohungen rein theoretischer Natur seien und man besser abwarten solle, ob sich die langfristig befürchteten Konsequenzen auch in der Realität einstellen.

Diese Prozesse der Aufnahme von Informationen führen also zu einer sehr ambivalenten Sichtweise von Klimawandel und Klimaschutz in der Gesellschaft. Sie werden nicht grundsätzlich verharmlost, aber die uns angebotenen Deutungsmuster erzeugen in uns keine Handlungsrelevanz. Die Kommunikation über diese Risiken bleibt weitgehend wirkungslos. Einschneidende Verhaltensänderungen sind kaum zu erwarten und der Druck auf effektive Risikoregulierungen durch die Politik verharrt in engen Grenzen.

Wie lässt sich dies ändern? Welche kommunikativen und partizipativen Gestaltungsformen sind grundsätzlich dazu geeignet, die Sensibilität für den Klimaschutz zu erhöhen und die Bereitschaft, selbst für mehr Klimaschutz einzutreten, verstärken?

Schlüsselbegriff Akzeptanz

Bedingungen für Akzeptanz

Akzeptanz für staatliche Maßnahmen oder Planungen erfordert nicht unbedingt eine positive Einstellung oder Befürwortung der geplanten Vorhaben. Man kann Akzeptanz aufteilen in drei Stufen der Zustimmung: 1. Toleranz; 2. positive Einstellung und 3. aktives Engagement (auch Involvement genannt). Im ersten Falle unternehmen die Bürgerinnen und Bürger nichts gegen staatliche Maßnahmen oder Planungen, auch wenn sie diese ablehnen. Man toleriert z. B., weil man das Thema als nicht signifikant genug einschätzt, um sich damit auseinanderzusetzen, oder weil man glaubt, ohnehin nichts bewirken zu können. Die meisten Planungen werden von den direkt Betroffenen nicht mit Begeisterung angenommen. Für die politische Umsetzung reicht es in der Regel jedoch aus, wenn die davon betroffenen Menschen die damit verbundenen Maßnahmen und Anlagen in ihrem Lebensumfeld tolerieren. Allerdings ist es für die Dynamik der Diskussion und für die politische Willensbildung von zentraler Bedeutung, dass es auch Menschen gibt, die den geplanten Maßnahmen positiv gegenüberstehen oder sich sogar aktiv für deren Umsetzung einsetzen.

Damit eine einschneidende Veränderung im eigenen Lebensumfeld in diesem Sinne Akzeptanz erhält, sind vier Voraussetzungen zu erfüllen.

- *Orientierung und Einsicht:* Liegt eine Einsicht in die Notwendigkeit der Maßnahme vor und steht man hinter den mit den Maßnahmen angestrebten Zielen und Mitteln, dann ist eher mit einer Akzeptanz zu rechnen. Damit sich Menschen aber eine Vorstellung davon machen können, was sie bei Klimaschutzmaßnahmen erwartet, brauchen sie Informationen über die Gründe und Argumente, die für diese Maßnahme sprechen. Dazu gehört auch die Frage, ob Alternativen verfügbar sind und, wenn ja, warum diese nicht gewählt wurden. Bürgerinnen und Bürger verlangen eine transparente, d. h. nachvollziehbare Argumentation, wenn es um die Begründung von Entscheidungen geht.
- *Selbstwirksamkeit:* Menschen neigen dazu, Eingriffe in ihre Lebenswelt abzulehnen, wenn sie damit die Vorstellung assoziieren, dass ihr Freiheitsspielraum und ihre Souveränität über ihre Lebensgewohnheiten negativ beeinträchtigt werden könnten. Bspw. empfinden Menschen einen Eingriff in ihre Nutzungsgewohnheiten (etwa Abschaltung von stromfressenden Maschinen durch *smart grid* Programme bei zu hoher Stromnachfrage) für eine unzulässige Beeinträchtigung ihrer Souveränität. Je mehr also eine Maßnahme den Eindruck verschafft, den Freiheitsspielraum einzuengen, desto eher ist mit mangelnder Akzeptanz zu rechnen.

- *Positive Risiko-Nutzen-Bilanz:* Akzeptanz ist umso eher zu erwarten, je mehr die geplanten Klimaschutzmaßnahmen einem selbst oder den Gruppen und Individuen zu Gute kommen, die man besonders schätzt. Auch wenn durch Maßnahmen das Allgemeinwohl gestärkt wird, ist mit einer höheren Akzeptanz zu rechnen. Bei allen vorgesehenen Maßnahmen ist es den meisten wichtig zu erfahren, ob sie selbst oder andere, die ihnen nahestehen, eine positive Risiko-Nutzen-Bilanz mit der Realisierung der Maßnahme erfahren werden. Ohne Informationen über Nutzen und Risiko kann man auch schwer die Wünschbarkeit der mit der Maßnahme beabsichtigten Ziele beurteilen.
  In der Regel versuchen die Menschen, kognitive Dissonanz, d. h. widersprüchliche Argumente und Gegensätze, zu vermeiden. Empirische Untersuchungen zeigen, dass die meisten Menschen ein hohes Risiko gleichzeitig mit einem geringen Nutzen und umgekehrt einen hohen Nutzen mit einem geringen Risiko verbinden. Sobald also eine Energiequelle in der Öffentlichkeit als riskant oder gefährlich eingestuft wird, wird automatisch auch der Nutzen für die Gesamtheit als weniger relevant eingestuft. Von daher ist die Risikowahrnehmung eine wichtige Größe, ob man eine Maßnahme akzeptiert oder nicht.
- *Identität:* Je mehr man sich mit einer Maßnahme auch emotional identifizieren kann, desto größer ist die Akzeptanzbereitschaft. Im Rahmen von Klimaschutzmaßnahmen sind Informationen bedeutsam, die den Menschen helfen, den Stellenwert der Maßnahme für die eigenen Zukunftsvorstellungen zu erfassen und die Passgenauigkeit der Maßnahme in das Selbst- und Fremdbild des eigenen sozialen und kulturellen Umfeldes zu überprüfen. Im Rahmen der Energiewende sind etwa neue Betreibermodelle und Eigentumsoptionen zu nennen (wie Genossenschaften, Ausgabe von Anteilsscheinen, Gewinnbeteiligung etc.), die über eine emotionale Bindung an Eigentum oder Nutzungsrechte Identifikation schaffen können.

Will man eine größere Akzeptanz der Klimaschutzmaßnahmen erreichen, dann ist erforderlich, dass die Informationen und Kommunikationsangebote auf alle diese vier Aspekte bezogen sind. Nur wenn man deutlich machen kann, wie die geplanten Vorhaben den Nutzen für einen selbst und andere verbessern und in welchem Ausmaß positive Identifikation ermöglicht wird, kann mit höherer Akzeptanz gerechnet werden.

Die Wirksamkeit von Kommunikation zur Beeinflussung der Akzeptanz ist aber begrenzt. Vor allem wenn es um Vorhaben geht, die Belastungen für die Anwohner mit sich bringen und bei denen der Allgemeinnutzen umstritten ist, ist es nahezu unmöglich, allein durch Information und Kommunikation – und sei es in Form eines Dialogs – eine Veränderung der Akzeptanz zu erreichen. Hinzu kommt, dass großflächige Veränderungen eher als Fremdkörper und weniger als Bereicherung des örtlichen Umfeldes angesehen werden. Hier hat der Kommunikator schlechte Karten.

Insofern ist es angebracht, den betroffenen Menschen größere Beteiligungschancen einzuräumen, so dass sie selbst anhand von unterschiedlichen Varianten entscheiden können, in welchem Maße die vier Akzeptanzkriterien erfüllt sind. Die Perspektive der Beteiligung verändert den politischen Entscheidungsprozess. Kommunikation ist darauf ausgerichtet, den betroffenen Menschen eine einmal legal gefällte Entscheidung zu Gunsten einer bestimmten Option nahezubringen – in der Hoffnung, dass sie diese Sicht auch anerkennen oder zumindest tolerieren. Dagegen geht die Perspektive der Beteiligung von offenen Willensbildungsprozessen aus und überlässt es (innerhalb der gesetzlichen Grenzen) den in den Prozess einbezogenen Bürgerinnen und Bürgern, auf der Basis der eigenen Vorstellungen neue Optionen zu schaffen und bestehende zu bewerten. In dem Moment, wo Entscheidungsbetroffene zu Entscheidungsträgern werden, wird Identität schon allein durch das Verfahren geschaffen.

Akzeptanzbemühungen im Rahmen der Mehrebenen-Governance

Bei allen geplanten kommunikativen und partizipativen Maßnahmen ist es sinnvoll, Kommunikationsstrategien nach den Ebenen der Governance (europäisch/national, regional, kommunal) zu gliedern und Kommunikationsprozesse auf jeweils ebenenspezifische Ziele auszurichten:

Auf *nationaler Ebene* geht es vor allem darum, die Gesamtstrategie des Klimaschutzes und dessen Implikationen für die lokale, regionale, nationale und europäische Ebene zu verdeutlichen. Der Zweck dieser Kommunikation besteht darin, die innere Konsistenz der Maßnahmen zum Klimaschutz plausibel zu vermitteln. Dabei geht es um eine übergeordnete Einsicht in die Notwendigkeit auch von unpopulären Infrastrukturmaßnahmen. Die grundlegende Zustimmung zum Klimaschutz ist in der Bevölkerung vorhanden. Man kann also Vertrauen in diese grundlegende Akzeptanz der Gesamtstrategie voraussetzen, aber nicht unbedingt eine Einsicht in die damit verbundenen Maßnahmen. Hier gilt es also, Ziele und Umsetzungsstrategien nachvollziehbar zu verbinden. Eine klare, von allen relevanten gesellschaftlichen Gruppen getragene Basisstrategie zur Umsetzung des Klimaschutzes macht es der Politik im regionalen und kommunalen Umsetzungsprozess wesentlich leichter, Fragen nach der grundlegenden Notwendigkeit einer Maßnahme und dem übergeordneten Nutzen zu beantworten: Man ist nicht immer von neuem gezwungen, langwierige Grundsatzdiskussionen zu führen.

Auf der *regionalen Ebene* geht es vor allem darum, den Nutzen für die Region und die Verteilung von Belastungen und Risiken innerhalb der betroffenen Region (etwa die Einrichtung eines Windparks in einer idyllisch gelegenen Landschaft) für die Allgemeinheit herauszustellen und eine generelle Toleranz der mit den Maßnahmen verbundenen Risiken und Nebenwirkungen zu verdeutlichen. Ein wesentliches Kennzeichen ist dabei, dass die auftretenden Belastungen als fair verteilt angesehen werden. Die heutige Diskussion um Energiearmut und Energieprivilegien zeugt von einer besonderen Sensibilität gegenüber Verteilungswirkungen beim Klimaschutz, vor allem im Rahmen der Energiewende. Hier ist auch die Politik gefordert, durch entsprechende Gestaltung eine faire Verteilung von Nutzen und Lasten herbeizuführen.

Auf der *lokalen Ebene* müssen vor allem Aspekte der Selbstwirksamkeit und der emotionalen Identifikation angesprochen werden. Wenn

Menschen den Eindruck haben, dass sie ihre Souveränität über ihr eigenes Energieverhalten einbüßen, ist mit Akzeptanzverweigerung zu rechnen. Ebenfalls werden Infrastrukturanlagen wie Windräder oder Solaranlagen auf Freiflächen nur auf Akzeptanz stoßen, wenn sie nicht als Eingriff in die gewachsene soziale und kulturelle Umgebung angesehen werden. Von daher sind vor allem Geschäftsmodelle gefragt, die eine aktive Einbindung der lokalen Bevölkerung ermöglichen.

Es ist sinnvoll, die Kommunikation auf allen drei Ebenen ein Stück weit parallel voranzutreiben, sie aber gezielt in den Ebenen einzusetzen, in denen die entsprechenden Umsetzungen des Klimaschutzes stattfinden. Ein sinnvoller Dialog setzt voraus, dass auf nationaler Ebene weitgehend ein Konsens über die Ziele und wesentlichen Strategen des Klimaschutzes besteht. Sonst paralysieren sich nationale und regionale Ebene gegenseitig (etwa bei der Planung von neuen Windkraftanlagen).

Von der Akzeptanz zur Beteiligung

Gründe für mehr Beteiligung

Es gibt fünf Gründe, die vor allem bei komplexen Politikfeldern wie dem Klimawandel für eine stärkere Einbindung der Bürgerinnen und Bürger in die Entscheidungsfindung sprechen:

- Durch Einbezug von betroffenen Bevölkerungsteilen kann zum Ersten die Wissensbasis erweitert werden. Neben dem systematischen Wissen der Experten und Expertinnen sowie dem Prozesswissen der Entscheidungsträger können für viele Probleme auch das Erfahrungswissen sowie das Wissen vor Ort von besonderer Bedeutung sein. Diese nichtwissenschaftlichen Wissensquellen können eine wichtige Bereicherung und gelegentlich auch eine Korrektur des Expertenwissens darstellen.

- Zum Zweiten kann Bürgerbeteiligung den jeweiligen Entscheidungsträgern wichtige Informationen über die Verteilung der Präferenzen und Werte der betroffenen Bevölkerungsteile vermitteln. Da Entscheidungen auf Wissen um die erwartbaren Folgen und Urteilen über die Wünschbarkeit dieser beruhen, ist es für Entscheidungsträger häufig unverzichtbar, die Wünschbarkeit der Folgen explizit zu erheben und in die eigene Entscheidung miteinzubeziehen. Gerade bei vielschichtigen Problemen wie dem Klimaschutz kommt es häufig zu Zielkonflikten, etwa zwischen ökonomischen Interessen und ökologischen Belangen. Hier ist es für eine sozialverträgliche Politik unerlässlich zu erfahren, wie betroffene gesellschaftliche Gruppen und Individuen relative Gewichte auf den Zieldimensionen (*trade-offs*) verteilen.
- Zum Dritten kann Beteiligung als Instrument zu einem fairen Aushandeln von Interessen und Werten dienen. Dahinter steht die Auffassung, dass diejenigen, die in Konkurrenz mit anderen Anspruch auf öffentliche Ressourcen erheben (etwa wie in der Kohlekommission von 2019), am besten in einem »fairen« Verfahren (*procedural equity*) eine eigene Lösung für eine faire Verteilung finden sollen.
- Zum Vierten kann Bürgerbeteiligung als ein Wettstreit der Argumente angesehen werden, mit dem Ziel, kollektive Entscheidungen auf eine faktisch und ethisch abgesicherte Grundlage zu stellen. Der Wettstreit prüft die jeweils vorgebrachten Argumente unter den Rahmenbedingungen strikter Logik und konsistenter Ableitung (Geltungsanspruch und Geltungsnachweis). Dabei geht es vor allem um die Frage der Zumutbarkeit von einschränkenden Maßnahmen für alle Betroffenen (über den Kreis derer hinaus, die an dem Diskurs teilnehmen). Gerade beim Klimaschutz geht es häufig um Fragen der Zumutbarkeit von Belastungen für bestimmte Bevölkerungsgruppen (etwa Beschäftigte in Kohlekraftwerken, Stromkonsumenten, PKW-Besitzerinnen und -Besitzer).
- Zum Fünften kann Bürgerbeteiligung als ein Element der Gestaltung der eigenen Lebenswelt angesehen werden. In dieser Funktion wird den betroffenen Menschen die Möglichkeit gegeben, in Form

von Selbstverpflichtungen oder von Verantwortungszuschreibungen Veränderungen in ihrer eigenen Lebenswelt herbeizuführen (etwa bei der Ansiedlung von Wind- oder Solarparks).

Eine aktive Beteiligung der Bürgerinnen und Bürger am Klimaschutz ist jedoch an Bedingungen geknüpft. Sie setzt zweierlei voraus: eine Legitimation durch das Verfahren und eine offene, transparente Auseinandersetzung mit den betroffenen Bevölkerungsgruppen. Ein offener Dialog darf sich hierbei nicht darauf beschränken, die Betroffenen zu informieren, sondern muss auch Mitwirkungsrechte der Betroffenen an der Entscheidungsfindung einschließen. Ohne eine solche Rückkopplung wird jeder Dialog letztendlich im Sande der Frustration scheitern. Mitwirkung und Offenheit über Optionen sind also notwendige Bedingungen für einen erfolgreichen Beteiligungsprozess.

Demokratietheoretische Begründung von Bürgerbeteiligung

Bei planerischen Entscheidungsprozessen im Kontext des Klimaschutzes oder der Umsetzung der Energiewende steht die grundlegende Frage im Raum, auf welcher rechtlichen und demokratietheoretischen Grundlage die Bürgerschaft einbezogen werden sollte. Ist nicht unsere Demokratie auf Delegation von Verantwortung im Rahmen der repräsentativen demokratischen Verfassung angelegt? Sind Bürger und Bürgerinnen möglicherweise Konkurrenten zu den Mandatsträgern in den Parlamenten?

Um diese Fragen anzugehen, ist es notwendig, die Natur politischer Entscheidungsfindung näher zu beleuchten. Politische Entscheidungen sind im weitesten Sinne kollektive Einigungen über eine ethisch gerechtfertigte und wünschenswerte Zukunft. Sie umfassen, wie bereits erwähnt, immer zwei grundsätzliche Elemente: Wissen über Zweck-Mittel-Beziehungen und eine Beurteilung der Wünschbarkeit der Folgen, die mit jeder Handlungsoption verbunden sind. Das erste Element, Wissen um Zweck-Mittel-Beziehungen, ist eine Frage der Expertise oder der Sachkenntnis. Expertise, relevantes Wissen, muss nicht unbedingt auf systematischen und theoriegeleiteten Erkenntnissen beruhen. Für bestimmte Fragen sind auch anekdotisches Wissen und die berühmte Spürnase erfahrener Politiker bedeutsam. Aber für Entscheidungen mit erheblichem Risikopotential und der Möglichkeit weitreichender Nebenfolgen ist es geradezu lebenswichtig, über die besten Expertisen zu verfügen.

Das zweite Element von Entscheidungen, die Bewertung von Optionen und deren Folgen, ist dagegen nicht auf Wissen bezogen, sondern auf moralische Urteile und soziale Werte, d. h. auf Beurteilungen der ethischen Begründbarkeit von Handlungen (Normen) und der sozialen Präferenzen für diese Handlungen oder Konsequenzen in einer wertepluralistischen Gesellschaft. Normen und Werte beziehen sich nicht nur auf die Ziele von Handlungen, sondern auch auf die Qualität der Mittel, mit denen diese zu erreichen sind. Was *ethisch* gerechtfertigt ist, lässt sich in der Regel nur im diskursiven Wettstreit aller Mitglieder eines Sozialsystems über das kollektiv verbindliche »gute« Leben festhalten. Was *sozial* präferiert wird, ist dagegen eine Frage individuellen Ermessens; bei kollektiven Entscheidungen müssen die verschiedenen Werte und Präferenzen für erwartete Handlungsfolgen miteinander abgestimmt werden. Anders als bei Sachwissen, wo es zumindest ansatzweise gelingen kann, mithilfe von methodologischen Regeln falsche von richtigen Aussagen zu trennen, sind zur Beurteilung der Wünschbarkeit von Maßnahmen oder Entscheidungsalternativen allgemeingültige Regeln wesentlich schwieriger aufzustellen. Konkurrierende allgemeinverbindliche Maßstäbe bedeuten aber nicht Willkür: Ordnungsregeln der Konsistenz (innere Widerspruchsfreiheit), der Kohärenz (logisch korrekte Ableitungen) und der Verallgemeinerungsfähigkeit (»Was du nicht willst, dass ich Dir tu', das füge auch keinem anderen zu.«) behalten auch bei normativen und wertbezogenen (evaluativen) Aussagen ihre Gültigkeit. Zudem binden Normen in Form von gesetzlichen Vorschriften individuelles und kollektives Handeln.

Sofern die ethische Berechtigung und die soziale Wünschbarkeit von Handlungsoptionen in der Vergangenheit durch Rechtsnormen oder politische Festlegungen bestimmt sind, können Entscheidungen allein aufgrund von Sachwissen und juristischer Expertise getroffen werden. Dieser Fall ist jedoch bei komplexen und folgenschweren Entscheidungen selten, da Gesetze in der Regel allgemeine und – vor allem im Bereich der kommunalen und überregionalen Energieplanung – auslegbare (etwa durch unbestimmte Rechtsbegriffe) Vorschriften umfassen. Insofern müssen die Optionen normativ und evaluativ immer wieder neu beurteilt werden.

Die Frage ist: wer kann diese Beurteilung am besten durchführen? Immer wieder wird bei der Beantwortung dieser Frage auf das Mehrheitsprinzip hingewiesen. Sind es nicht die gewählten Volksvertreter, die in ihrer Mehrheit beschließen, welche Werte zur Beurteilung der Wünschbarkeit von Optionen zur Anwendung kommen sollen? Würde Betroffenheitsdemokratie nicht zu einer Aufweichung der repräsentativen Demokratie führen?

Die beiden Grundprinzipen der liberal-demokratischen Grundordnung sind die Souveränität des Individuums, im Rahmen der politischen Ordnung seine eigenen Präferenzen ausleben zu können, und die Gleichstellung aller Individuen, wenn es darum geht, das kollektiv verbindliche Handeln festzulegen. Sofern Handlungen von Individuen keine Auswirkungen auf andere Individuen haben oder diese direkt den Handlungen zustimmen (etwa durch einen Vertrag oder Tausch), besteht die Aufgabe kollektiver Institutionen allein darin, die Spielregeln von Vertrag und Tausch zu überwachen und die Chancengleichheit der am Tausch beteiligten Personen sicherzustellen. Weder die Mehrheit des Parlaments noch die Mehrheit des Volkes hat das Recht, der Minderheit Optionen aufzuzwingen, die von den Vertretern dieser Minderheit nicht gewollt sind. Würde man an diesem Prinzip rütteln, dann gäbe es keine Privatautonomie, Gemeindeautonomie, keinen Föderalismus und keinen Minderheitenschutz mehr. Dieses Prinzip ist in der sozial und ökologisch abgefederten Marktordnung am besten verwirklicht.

Anders sieht es bei Handlungen von Individuen oder Gruppen aus, die Auswirkungen auf andere haben. In diesem Falle muss sichergestellt werden, dass die von den Auswirkungen betroffenen Gruppen in ihren eigenen Rechten und Präferenzen nicht eingeschränkt werden.

Im Idealfall geschieht dies durch explizite Zustimmung. Häufig ist aber der Kreis der Betroffenen nicht eindeutig bestimmbar oder es klafft eine Schere zwischen dem Kreis der Nutznießer und der Risikoträger. Je diffuser die Betroffenheit, desto bedeutsamer sind repräsentative Entscheidungsformen, die quasi als Ersatz für die fehlende Bestimmbarkeit der Betroffenen Wünschbarkeit beurteilen. Schließlich gibt es noch kollektive Güter, wie Sicherheit und saubere Umwelt, die alle Bürgerinnen und Bürger gleichzeitig betreffen und die von daher kollektiv geregelt werden müssen.

Die Wünschbarkeit von politischen Entscheidungsoptionen mithilfe repräsentativer Gremien zu bestimmen, bedeutet also nicht die Erfüllung demokratischer Grundsätze, sondern stellt vielmehr eine pragmatische Lösung dar – pragmatisch angesichts unübersichtlicher Betroffenheitsverhältnisse, zeitlicher und örtlicher Grenzen direkter Mitwirkung und konkurrierender Aufgaben, die Mitglieder einer Sozialgemeinschaft zu erfüllen haben. Der Jurist Hansjörg Seiler hat diese Verpflichtung treffend auf die kurze Formel gebracht: »Betroffenheitsdemokratie ist nicht die Perversion, sondern im Gegenteil das Ideal der Demokratie« (Seiler 1991, 5).

Gerade in Situationen, in denen Entscheidungen weitreichende Folgen für die Gestaltung der eigenen Lebenswelt in abgrenzbaren Regionen haben, ist das Repräsentationssystem oft überfordert. Die von den Entscheidungen betroffenen Menschen sehen weder ihre eigenen Interessen widergespiegelt noch erkennen oder anerkennen sie die Gründe, die zur Wahl der Entscheidungsoption geführt haben. Die vielfach beschworene Politikverdrossenheit ist dabei zweifach motiviert: zum einen durch den fehlenden Nachvollzug der Begründungen für die einmal getroffene Wahl aus dem Kranz der möglichen Optionen, zum anderen durch die wahrgenommene Distanz zwischen Expertentum und Politik auf der einen sowie dem eigenen Wissen und dem vorherrschenden Wertegefühl auf der anderen Seite.

In partizipativen Verfahren wird der Teilnehmende dagegen zum aktiven Mitgestalter, zum Experten und zur Expertin für wertgebundene Entscheidungen, eingebunden in ein System der mitwirkenden Institutionen, bestehend aus Wirtschaft, Politik, Verwaltung und

Nichtregierungsorganisationen (NGOs). Sie bilden eine Netzstruktur, die die Formen der kooperativen Politik und des Diskurses, also die gegenseitige Verständigung zwischen Akteuren, verknüpft. Ziel des Systems ist es, zu einem demokratischen Miteinander zu kommen, also zur Kooperation der Akteure bei der Planung und Abstimmung von Vorhaben unter Einbeziehung von Prinzipien wie Verantwortlichkeit, Transparenz und Fairness.

Die Bürgerschaft wird zu einem aktiven Mitgestalter und Partner der Stadt- und Gemeindeentwicklung und ist an Planungs- und Entscheidungsprozessen beteiligt. Sie kann und soll an Lösungen mitwirken und Verantwortung für das Gemeinwohl übernehmen.

Bedingungen für eine gelingende Beteiligung

Für die konkrete Ausgestaltung von Beteiligungsverfahren sind einige wesentliche Gelingensbedingungen zu berücksichtigen:

- *Fairness:* Die an einem Beteiligungsverfahren teilnehmenden Personen sollten nach fairen, nachvollziehbaren Gesichtspunkten frühzeitig ausgewählt werden und innerhalb des Verfahrens gleiche Rechte und Pflichten beanspruchen können. Sie sollten sich der Verantwortlichkeit ihrer Funktion bewusst sein.
- *Kompetenz:* Der jeweils notwendige Sachverstand zur Beurteilung von Folgen und Nebenfolgen von Entscheidungsoptionen muss den Teilnehmer und Teilnehmerinnen zugänglich gemacht werden. Gemeinsam getragene Regeln der Gesprächsführung, eine gelingende Übersetzung formaler Anforderungen an Kommunikations- und Verfahrensabläufe in nachvollziehbare Dialogformate und in der Entscheidungsfindung werden innerhalb des Beteiligungsverfahrens vorab vereinbart und durchgesetzt.
- *Legitimation:* Die politisch Verantwortlichen sollten den Verfahrensteilnehmern und -teilnehmerinnen einen Vertrauensvorschuss gewähren und ihnen im Rahmen des rechtlich Möglichen Handlungsspielräume eröffnen. Dies beinhaltet auch die verbindliche Zusicherung, dass Ergebnisse von Beteiligungsverfahren

konstruktiv wohlwollend geprüft und Abweichungen davon eingehend begründet werden.

- *Effizienz:* Es bedarf der Sicherstellung der Anschlussfähigkeit der Empfehlungen an den politischen Entscheidungsprozess. Die Teilnehmer und Teilnehmerinnen des Verfahrens sollten ein klares Mandat haben, das sie innerhalb eines begrenzten Zeitraumes erfüllen können. Der erwartete positive Effekt und der Aufwand der Beteiligung müssen für alle Involvierten in einem akzeptablen Verhältnis stehen.
- *Neutralität der moderierenden Personen:* In der Regel werden Partizipationsprozesse von professionellen Prozessbegleitern und -begleiterinnen moderiert. Die Kompetenz des Moderationsteams zu einer sachlich fundierten, unparteiischen und konstruktiven Gesprächsführung muss gewährleistet sein.
- *Lernbereitschaft:* In Beteiligungsverfahren geht es um den Austausch von Argumenten nach festgelegten Regeln. Eine Bereitschaft für gegenseitige Lernprozesse sollte hierbei vorausgesetzt werden.
- *Ergebnisoffenheit:* Das Verfahren muss ergebnisoffen sein und Potentiale für neue Win-win-Lösungen bieten oder zumindest für alle Mitwirkende akzeptable Belastungen umfassen.
- *Öffentliche Resonanz:* Es muss sichergestellt werden, dass das Verfahren und die Ergebnisse eine entsprechende Resonanz in der breiten Bevölkerung finden. Sowohl das Verfahren als auch das Ergebnis des Verfahrens sollten transparent gemacht und in einer für alle Interessierten verständlichen Form dargelegt werden.
- *Anschlussfähigkeit:* Das Verfahren sollte so angelegt sein, dass die Ergebnisse in den politischen Entscheidungsprozess eingebracht und dort auch unter Beachtung aller rechtlicher Bestimmungen umgesetzt werden können.

Werden die zuvor aufgeführten Prinzipien bei der Durchführung von Beteiligungsverfahren beachtet, so kann das Verfahren dazu verhelfen, dass der Entscheidungsfindungsprozess und das daraus resultierende Ergebnis von einer Vielzahl an Bürgerinnen und Bürgern akzeptiert werden. In jedem Falle erlaubt es ein derartiges Verfahren,

Positionen nachzuvollziehen und sich auch bei unterschiedlichem Wissensstand und Präferenzen auf einen für alle akzeptablen Kompromiss zuzubewegen. Ein Kompromiss oder gar Konsens in der Entscheidungsfindung unter allen beteiligten Akteuren erscheint somit möglich (aber nicht zwingend).

Politischer Handlungsbedarf

Die moderne Gesellschaft ist darauf angewiesen, dass neue diskursive und kommunikative Formen in den Prozess der politischen Urteils- und Entscheidungsfindung integriert werden. Damit dies gelingen kann, sind folgende Maßnahmen zur Verbesserung der Beteiligungsmöglichkeiten und der Beteiligungschancen vonnöten:

Einbezug der Interessengruppen und der Öffentlichkeit bereits in der Zielfindungsphase: Je komplexer und unsicherer sich die Ausgangssituation darstellt, umso wichtiger ist es, einen Konsens bei der Frage, was man erreichen will und wozu dies dienen soll, herzustellen. Das Postulat der frühzeitigen Beteiligung gilt vor allem für weitreichende Planungen und politische Entscheidungen, die lange Bindungskraft entfalten sollen, wie beim Klimaschutz oder bei der Energiewende. Denn weil nahezu alle Gruppen in der Gesellschaft vom Klimawandel betroffen sein werden, ist es geradezu unerlässlich, die ganze Breite der Gesellschaft bei der Zielfindung aktiv einzubinden.

Weiter Spielraum für die Beteiligung: Wie groß der Spielraum für die Beteiligung der Bürgerinnen und Bürger an der Entscheidung ist, bestimmt weitgehend das Gelingen von Beteiligungsverfahren. Wenn nicht von Anfang an klar kommuniziert wird, an welchen Entscheidungen die Bürgerinnen und Bürger unmittelbar beteiligt sind, gerät auch eine frühzeitige Beteiligung, etwa bei der Erstellung von Klimaschutzplänen, zur Alibiveranstaltung und es droht ein Vertrauensverlust. Daher muss ein Beteiligungsverfahren frühzeitig auf einen möglichst breiten und gleichzeitig rechtlich und politisch realisierbaren Entscheidungsspielraum festgelegt werden sowie mit einer Einigung über den weiteren Verfahrensablauf kombiniert werden. Außerdem müssen diese Rahmenbedingungen allen Beteiligten transparent kommuniziert werden. Für den Klimaschutz bedeutet das: Nicht die Geltungskraft der bestehenden nationalen und internationalen Verpflichtungen (etwa das Pariser Klima-Abkommen) steht zur Diskussion, sondern die Optionen und Strategien, um diese festgelegten Ziele effektiv, effizient und sozialverträglich zu erreichen.

Einbezug von Interessengruppen und der allgemeinen Öffentlichkeit durch ein strukturiertes Verfahren abgestimmter Schritte: Aufgrund der Pluralität der Gesellschaft und ihrer funktionalen Ausdifferenzierung ist es wenig erfolgversprechend, mit einem Beteiligungsverfahren alles »erschlagen« zu wollen. Auch der oft geforderte Volksentscheid ist kein Allheilmittel der Partizipation. Es kann unter bestimmten Umständen (etwa bei gleich gut begründbaren Alternativen) am Ende einer Kette von vorgelagerten Beteiligungsverfahren stehen. Zentral ist, dass bei politisch weitreichenden Entscheidungen das beste Sachwissen, gerechte und faire Vorschläge zur Behandlung von Interessen- und Wertkonflikten, eine den Grundwerten angemessene Abwägung der Vor- und Nachteile und mehrere den betroffenen Bürgerinnen und Bürgern zumutbare und akzeptable Lösungsvorschläge einbezogen werden. Um all diese Funktionen zu verbinden, stehen in der Fachliteratur eine Vielfalt von geeigneten Kombinationsformaten der Beteiligung zur Verfügung (vgl. Nanz/Fritsche 2012). Die im politischen Raum so beliebte Anhörung ist dabei nur eine (und oft nicht einmal eine besonders effektive) Form der Beteiligung.

Vorrang der Transparenz vor Vertraulichkeit und Abgeschlossenheit: Je komplexer die Beteiligungsstruktur, desto verwirrender ist der Entscheidungsprozess für diejenigen, die nicht direkt an dem Verfahren beteiligt sind. Je mehr Formen der Beteiligung in den Prozess der Entscheidungsfindung einbezogen werden, desto größer ist die Gefahr der Intransparenz. Umso wichtiger ist es deshalb, die verschiedenen Formate der Beteiligung so weit wie möglich öffentlich zu machen. Gerade aus dem angelsächsischen Raum ist gut dokumentiert, dass prinzipiell offene Verhandlungen die Wahrscheinlichkeit von »Fenster- oder Balkonreden« nicht erhöhen und die Ernsthaftigkeit von Verhandlungen nicht infrage stellen. Allerdings kann es durchaus sinnvoll sein, dass man bestimmte Zeitfenster für geschlossene Gespräche und Verhandlungen vorsieht. Das wird von allen akzeptiert, wenn diese Ausnahmen öffentlich begründet werden. Gerade bei einem Thema wie Klimaschutz, bei der man auch Belastungen und Einschränkungen nicht ausschließen kann, ist Transparenz über die Art und Weise, wie die Entscheidungen zustande gekommen sind und wie mit Ziel- und Wertkonflikten umgegangen wurde, für eine positive Resonanz unerlässlich.

Notwendigkeit der begleitenden Kommunikation: Die schon zum Stereotyp gewandelte Formel »es handele sich nicht um Politik-, sondern um Kommunikationsversagen« greift zu kurz. Keine noch so gute Verpackung kann ein schlechtes Politikprodukt im besseren Licht erscheinen lassen. Im Gegenteil, ein schlechtes Produkt in einer tollen Verpackung verärgert noch mehr, als wenn man ehrlich zugibt: Besser geht es nicht. Die offene Debatte über Zielkonflikte, negative Auswirkungen oder verbleibende Unsicherheiten ist zwar anfangs unangenehmer für die Politik, aber schafft auf Dauer Glaubwürdigkeit und Verlässlichkeit. Dies gilt auch für Beteiligung: Kommunikation ist kein Ersatz für Beteiligung, sondern eine notwendige und zielführende Begleitung. Da nicht alle Bürgerinnen und Bürger gleichzeitig beteiligt sein können, ist vor allem eine ansprechende Kommunikation über die Verfahren und die Einbindung pluraler Interessen und Werte entscheidend für den Erfolg des politischen Entscheidungsfindungsprozesses.

Professionalisierung der Prozesssteuerung und -begleitung: Es ist selbstverständlich, dass niemand einem Amateur zutrauen würde, die Statik einer Brücke zu beurteilen oder die Erfolgsaussichten einer medizinischen Operation abzuschätzen. Bei Beteiligungsverfahren ist das offenbar anders: Weit verbreitet ist der Glaube: Eine Gruppe moderieren kann ja wohl jeder oder jede. Sieht man sich einmal im Ausland um, dann fällt auf, dass etwa in den USA hochspezialisierte Dienstleister entstanden sind, die unter dem Thema »Alternative Dispute Resolution« oder dem Begriff »Facilitation« professionelle Begleitung und Steuerung partizipativer Prozesse anbieten. Inzwischen gibt es einen umfangreichen Wissensstand darüber, wie Beteiligungsverfahren zu strukturieren und zu kombinieren sind, wie man diese am besten anleitet, steuert und moderiert und wie man mit auftretenden Konflikten am besten umgehen kann. Solche Dienstleister gibt es auch in Deutschland, die Nachfrage nach ihnen ist aber wenig ausgeprägt. Das liegt auch darin begründet, dass selbst bei milliardenschweren Projekten eine Prozesssteuerung der Beteiligung, die viele Millionen sparen kann, hierzulande nichts kosten darf. In den USA ist es hingegen üblich, dass 1 % des Gesamtwertes einer Maßnahme für Prozesssteuerung ausgegeben wird (vgl. Cummins 2013).

Die entscheidende Voraussetzung für den Erfolg von Bürgerbeteiligung ist die Bereitschaft der Politik und der Verwaltung, die Formen der Beteiligung nicht als lästige Pflichtübung, sondern als Hilfestellung ihrer Arbeit und als Bereicherung der repräsentativen Demokratie anzusehen. Auch wenn noch viele Wissenslücken über die Gelingensbedingungen von Beteiligungsverfahren bestehen, darf dies keine Entschuldigung dafür sein, mit der Umsetzung von Beteiligungsverfahren zu warten.

Resümee

Ambitionierte Maßnahmen zum Klimaschutz können politisch nur umgesetzt werden, wenn gesellschaftliche Strukturen, Entscheidungsprozesse und Entwicklungen von Anfang an mitgedacht werden. Nur wenn Bürgerinnen und Bürger von Beginn an in die Prozesse zur Umsetzung des Klimaschutzes einbezogen werden, kann es gelingen, diese Transformation als gesamtgesellschaftliche Aufgabe wahrzunehmen und erfolgreich umzusetzen.

Mithilfe von Beteiligungsverfahren werden die mit den möglichen Handlungsoptionen jeweils verbundenen Konsequenzen gemeinsam bewertet und auf dieser Basis Empfehlungen für repräsentative Gremien oder für Mitbürgerinnen und Mitbürger formuliert. Die Demokratie braucht demnach keinen Ersatz für ihre repräsentativen Gremien, sondern sie benötigt vielmehr eine Funktionsbereicherung durch diskursive Formen direkter Bürgerbeteiligung, die den repräsentativen Gremien wiederum in ihrem eigenen Streben nach Legitimation zugutekommen. Diese Bereicherung der Demokratie ist vor allem bei ehrgeizigen Projekten wie solchen der Klimapolitik unerlässlich.

Solche verständigungsorientierten Beteiligungsverfahren verfolgen das Ziel, eine für alle Beteiligten tragfähige Lösung in Abwägung der vorgetragenen Argumente über die Zumutbarkeit von Belastungen durch aktiven Klimaschutz zu entwickeln und dabei die Realisierbarkeit von Chancen einer erfolgreichen Verringerung der Treibhausgasemissionen oder einer entsprechenden Anpassungsstrategie im Auge zu behalten. Dabei geht es nicht um eine Einigung auf den kleinsten möglichen Nenner, sondern im Gegenteil um harte Auseinandersetzungen, um Argumente und nachvollziehbare Begründungen sowie um eine intensive Suche nach neuen, innovativen Lösungen.

Damit Beteiligung gelingt, bedarf es kompetenter Planung und professioneller Umsetzung der Beteiligungsverfahren. Hierfür gibt es kein allgemeingültiges Rezept. Es hat sich jedoch gezeigt, dass vor allem zu Beginn des Verfahrens die zentralen Eckpunkte für alle Beteiligten transparent gemacht werden müssen. Es bedarf Klarheit darüber, in welcher Form und mit welcher Verbindlichkeit Bürgerinnen und Bürger zum Gelingen des Verfahrens beitragen können. Gleichzeitig muss aber auch ersichtlich sein, wo die Grenzen des Verfahrens liegen. Dies zu kommunizieren ist eine große Herausforderung, da schon im Vorfeld der Beteiligung klar Position bezogen werden soll. Es beugt aber auch der Gefahr von späterer Enttäuschung vor, wenn weniger Einfluss durch die Bürgerinnen und Bürger genommen werden kann, als erhofft. Eine realistische und möglichst konkrete Vorstellung über die Möglichkeiten und Grenzen des Verfahrens sind deshalb von zentraler Bedeutung für alle Beteiligten, um den Klimaschutz als zentralen Bestandteil eines notwendigen gesamtgesellschaftlichen Transformationsprozess erfolgreich gestalten zu können.

Literatur

Benighaus, Christina/Wachinger, Gisela/Renn, Ortwin (Hrsg.) (2016): Bürgerbeteiligung. Konzepte und Lösungswege für die Praxis. Berlin: Wolfgang Metzner.

Cummins, Howard W. (2013): Let Us Reason Together: The Role of Process in Effective Mediation. In: Journal of the National Association of Administrative Law Judiciary 33, S. 1–32.

Lucas, Klaus/Renn, Ortwin/Jaeger, Carlo/Yang, Saini (2018): Systemic Risks: A Homomorphic Approach on the Basis of Complexity Science. In: International Journal of Disaster Risk Science 9/3, S. 292–305. https://doi.org/10.1007/s13753-018-0185-6.

Nanz, Patrizia/Fritsche, Miriam (2012): Handbuch Bürgerbeteiligung: Verfahren und Akteure, Chancen und Grenzen. Bonn: Bundeszentrale für politische Bildung.

Renn, Ortwin (2019): Gefühlte Wahrheiten. Orientierung in Zeiten postfaktischer Verunsicherung. Berlin/Opladen: Barbara Budrich.

Seiler, Hansjörg (1991): Rechtliche und rechtsethische Aspekte der Risikobewertung. In: Chakraborty, Sabyasachi/Yardigaroglu, George (Hrsg.), Ganzheitliche Risikobetrachtungen. Köln: Springer, S. 1–26.

Lobbying und Politikwandel in der Klimapolitik

Maximilian Schiffers

Einleitung – eine Einladung zur Diskussion über klimapolitisches Lobbying und Politikwandel

Politikwandel ist langsam und selten. Die Prozesse der Politikgestaltung sind auch in der Klimapolitik vielschichtig und folgen konkurrierenden, teils widersprüchlichen Handlungslogiken. Die vieldiskutierten politischen Entscheidungen sind das Resultat von Aushandlungen unterschiedlicher Prioritäten im Governance-System – also in den Prozess-

und Entscheidungsstrukturen, die von der internationalen Ebene bis in die Kommunen reichen. Entscheidende Rollen haben die Entscheidungsträger in der Politik sowie die Einflussträger in Wirtschafts- und Umweltverbänden, in Unternehmen und Nichtregierungsorganisationen (NGOs), in Wissenschaft und Medien. Zudem sind es die langen Linien der Energie- und Infrastrukturpolitik, die Inhalte und Ergebnisse der Entscheidungen prägen. Daran richten sich die Lobbying-Strategien und -Instrumente für und gegen strengen Klimaschutz aus.

Politiker*innen und Lobbyist*innen benötigen großes Durchhaltevermögen, um sich gegen kurzfristig gedachte Blockaden durchzusetzen und langfristige Gestaltungsperspektiven umzusetzen. Daher sind die Entwicklungen der Klimaschutzpolitik und der Energiewende von Fortschritten und Rückschritten gezeichnet. Selbst ohne bremsende Absicht der Handelnden ist eine ambitionierte Klimapolitik hürdenreich und hart zu erkämpfen. Umso wichtiger ist der lange Atem der politischen, wirtschaftlichen, wissenschaftlichen und zivilgesellschaftlichen Treiber der Transformationsprozesse.

Dieser Beitrag eröffnet eine politikwissenschaftliche Perspektive auf die Prozesse des Politikwandels und Lobbying in der Klimapolitik. Ziel ist es, ein differenziertes Bild der konkurrierenden, teils widersprüchlichen Handlungslogiken von politischen Entscheidungsträgern und Interessenvertretern zu zeichnen und das Verständnis zu verbessern, warum die Treiber klimafreundlicher Transformationsprozesse einen langen Atem benötigen, um die Hürden politischen Wandels zu überwinden. Zunächst wirft der Beitrag einen analytischen Blick auf die Entscheidungs- und Einflussträger in der Politik (»Problemaufriss«). Das folgende Kapitel widmet sich den Politikinhalten (Policy), dem Beharrungsvermögen des inhaltlichen Status quo und den Pfadabhängigkeiten – also den langen, kontinuierlich gewachsenen und reproduzierten Entwicklungslinien – der Klimapolitik. Danach richtet sich der Blick auf die Akteure sowie die Politik- und Interessenkoalitionen, die sich in der Klimapolitik identifizieren lassen. Im Anschluss folgt ein Überblick über die Strategien, Handlungslogiken und Instrumente des klimapolitischen Lobbyings, bevor der Beitrag ein Fazit über das notwendige Durchhaltevermögen der Treiber klimafreundlicher Transformationsprozesse zieht.

Der Beitrag verwendet gendersensible Sprache. Analytische politikwissenschaftliche Begriffe wie Akteur, Entscheidungs- und Einflussträger sind davon ausgenommen.

Problemaufriss – Wo bleibt der Politikwandel zu ambitionierter Klimaschutzpolitik?

Die Themen Klimawandel und staatliche Maßnahmen als Reaktion auf die Klimakrise haben im politischen Diskurs auf internationaler, nationalstaatlicher und privater Ebene enorm an Prominenz gewonnen. Die inhaltlichen Policy-Diskurse in Kreisen der Fachpolitiker*innen, Wissenschaftler*innen und Aktivist*innen sind seit gut 30 Jahren und speziell seit dem UN-Umweltgipfel in Rio de Janeiro im Jahr 1992 präsent und haben kontinuierlich an Einfluss gewonnen. In den vergangenen Jahren erweiterte sich aber auch die gesellschaftliche Durchdringung dieser Diskurse. Seit den Mobilisierungserfolgen von Fridays for Future ab dem Frühjahr 2019 findet die Diskussion vermehrt am Küchentisch, in Freundeskreisen und Redaktionsräumen statt. Vielfach wird dies als Beweis herangezogen, dass die Klimapolitik und ihre zentralen Akteure ihre Einflusssphäre erfolgreich erweitert haben. Gerade aus konservativen Kreisen quer durch die Parteien- und Interessenlandschaft wird davor gewarnt, dass der scheinbare Vorrang des Klimaschutzes die Politik auf ein einziges Thema verenge, gegenüber dem andere Politikbereiche zu kurz kämen. Der Blick auf das Klimaschutzpaket der Bundesregierung von Ende 2019 sowie die zurückhaltende Reaktion Deutschlands auf die neue europäische Initiative für strengere Klimaschutzziele Anfang 2020 lässt allerdings Zweifel an der Auswirkung der Klimaproteste aufkommen. Vielmehr gehen aktuelle Studien davon aus, dass Deutschland die internationalen, europäischen und die selbstgesteckten Klimaschutzziele verfehlen wird. Es gibt also eine Diskrepanz zwischen der Themenwahrnehmung und dem eingeschlagenen, politisch möglichen Handlungsweg. Trotz des gesteigerten Umweltbewusstseins in der Bevölkerung und des unbestreitbar festen Platzes, den Klima- und Umweltpolitik auf der politischen Agenda hat, gibt es keinen automatischen Erfolgsmechanismus, der Agenda- und Debattenerfolge in gesetzliche Politikregelungen und politische Lösungen für Klimaprobleme übersetzt.

An diesen Punkt stellt sich die Leitfrage, wo der Politikwandel in Richtung ambitionierte Klimaschutzziele und -maßnahmen bleibt. Die politischen Debatten hierzu finden in verschiedenen politischen Arenen statt, die von der internationalen Klimadiplomatie über die Europäische Union, die deutsche Bundes- und Länderebene bis hin zu den Kommunen reichen. Auf der einen Seite wurden formale Klimaziele festgelegt, zu denen sich Regierungen, aber auch Verbände und Unternehmen bekennen. Auf übergeordneter Verhandlungsebene lassen sich durchaus kooperative Strategien identifizieren. Auf der anderen Seite fällt die Bilanz der Umsetzungsschritte durchwachsen aus. Konfrontative Strategien, Ablenkungsversuche und Blockaden bei konkreten Maßnahmen und Detailregelungen finden sich etwa bei den Reformen des Erneuerbare-Energien-Gesetzes (EEG) und der langen Liste der Ausnahmen für energieintensive Betriebe, bei Verhandlungen zum Kohleausstieg und bei klimaschädlichen Subventionen in den Sektoren Strom, Wärme und Verkehr. Denn vielfach herrscht die Einschätzung, dass gerade im Vorfeld von Wahlen kurzfristige Erfolge für politische Entscheidungsträger besonders erstrebenswert sind, während langfristig anlegte Maßnahmen erst spät die politische Rendite abwerfen.

Die politikwissenschaftliche Perspektive: ein analytischer Blick

Ausgangspunkt ist der Blick auf die Praktiken und Strukturen des Lobbyings in der Klimaschutzpolitik aus wissenschaftlich-analytischer Perspektive. Diese Betrachtungsweise hilft dabei, die Komplexität zu reduzieren und die zentralen Abläufe und Mechanismen des Lobbyings idealtypisch hervorzuheben. Zum Begriff des Lobbyings gibt es viele Definitionen, die verschiedene Aspekte der Thematik hervorheben. In der Politikwissenschaft hat sich die funktionsbezogene Definition von Lobbying etabliert, die sich auf bestimmte Handlungen von Akteuren richtet. Speziell ist dies die systematische, kontinuierliche oder punktuelle Beeinflussung von Politikgestaltungsprozessen, in denen die Handelnden politische, wirtschaftliche, gesellschaftliche, soziale oder kulturelle Interessen vertreten. Der Begriff richtet sich also auf die Lobbying-Aktivitäten, das Ausüben der Rolle »Lobbyist*in«, und weniger auf einen festen, immer gleichbleibenden Personenkreis mit dem Wort »Lobbyist*in« auf der Visitenkarte.

Im alltäglichen Sprachgebrauch hat Lobbying in Deutschland eine negative Bedeutung. Grund dafür ist die Gegenüberstellung von Einzelinteressen und dem Gemeinwohl. Während Einzelinteressen klar definierbar und oftmals finanziell gut ausgestattet sind, lässt sich das Gemeinwohl empirisch wie normativ nur schwer umreißen. Um über das Thema Lobbying und Politikwandel in der Klimapolitik sinnvoll diskutieren zu können, muss diese simple Zweiteilung überwunden werden. Andernfalls besteht die Gefahr, dass die Diskussion in populistische Vereinfachungen abdriftet. Denn wo Wissen fehlt, locken vermeintlich einfache Antworten, die instrumentalisiert werden können. Auch wenn Lobbying auch in der Wissenschaft in vielen Aspekten kritisch gesehen wird, ist dessen politische Interessenvermittlung ein Kernbestandteil der Demokratie. Aus politikwissenschaftlicher Perspektive heißt dies, dass durch Lobbying sowohl

Wünschenswertes als auch Problematisches beeinflusst werden kann, genauso wie im demokratischen Prozess gute und schlechte Dinge beschlossen werden können. Diese funktionsbezogene Art der Begriffsverwendung betont den hohen Wert von Transparenz und demokratischer Verantwortungszuschreibung.

Zwei Sichtweisen bieten sich hierzu in besonderem Maße an: die Perspektive auf das Policy-Ergebnis über Entscheidungs- und Einflussträger sowie die Perspektive auf vernetzte Akteure im Governance-System.

Die erste Perspektive versteht Politik als direkte und indirekte Beeinflussung von Politikinhalten (sog. Policies). Am Ende eines politischen Prozesses steht eine inhaltliche Politikentscheidung in Form eines Klimaschutzgesetzes oder eines gesetzlichen Klimapakets. Um zu verstehen, wie diese Politikinhalte zustande gekommen, können direkte und indirekte Einflusssphären unterschieden werden. Die erste Sphäre umfasst die politischen Entscheidungsträger, die explizit gestaltend am Verfahren beteiligt sind. Hier finden sich die politischen Institutionen des zentralen politischen Entscheidungszentrums: die Regierung, die parlamentarische Mehrheit, die parlamentarische Opposition. Im europäischen Mehrebensystem moderner Governance-Arrangements kommen – je nach Art der Entscheidung – die Akteure der Europäischen Union, die Bundesländer im deutschen Föderalismus und die Kommunen hinzu.

Die zweite Sphäre, die für Lobbying besonders relevant ist, betrifft die Einflussträger. Diese Akteure beteiligen sich direkt und indirekt, formal und informell an den Verfahren, welche die politischen Entscheidungsträger gestalten. Hier finden sich Wirtschafts- und Umweltverbände, Gewerkschaften, Unternehmen, NGOs, Stiftungen und Bürgerinitiativen sowie soziale Bewegungen. Diese Organisationen handeln sowohl eigenständig als auch in informellen Politik- und Interessenkoalitionen und Bündnissen, um gemeinsame Ziele umzusetzen. Weiteren Einfluss haben darüber hinaus die Medien, die Wissenschaft und externe Schocks. Über die Medien findet eine bestimmte Themenselektion statt, welche Anliegen überhaupt besprochen werden und es auf die politische Agenda schaffen. Die

Wissenschaft kann Studien und Expertise bereitstellen, die Grundlage für politische Entscheidungen sein können oder bestimmte Richtungsentscheidungen legitimierend untermauern können. Hinzu kommen externe Schocks mit Einfluss auf die politischen Verfahren, wie die Reaktorkatastrophe im japanischen Fukushima Anfang 2011 oder die Corona-Pandemie im Jahr 2020. Innerhalb kürzester Zeit wurden sehr zügig politische Entscheidungen getroffen, die im Normalfall deutlich längere Zeit benötigt hätten, oder auch überhaupt nicht zustande kommen wären. In der Medienwahrnehmung und in der Literatur im deutschsprachigen Raum wird die Sphäre der Einflussträger und des indirekten Einflusses potenziell eher als illegitim wahrgenommen. In anderen europäischen Ländern, auf EU-Ebene und im englischsprachigen Raum wird ihnen eine größere Legitimität zugesprochen.

Die zweite Perspektive blickt auf die vernetzten Akteure im Governance-System. Politik wird darin als ein Beziehungsgeflecht von strategisch handelnden Akteuren beschrieben, deren Macht gegenseitig voneinander abhängt. In dieser Vorstellung bewegen sich in der Bevölkerung verschiedene gesellschaftliche Mehrheits- und Minderheitspositionen. Die wechselnden Mehrheiten geben ihre Interessen an das politische Entscheidungszentrum aus Regierung, Parlamentsmehrheit und Opposition weiter. Gleichzeitig wirken die politischen Prioritäten des Entscheidungszentrums auf die Bevölkerung zurück. Über die Zeit verändern sich die Mehrheitspositionen, wodurch die Minderheitspositionen formal und inhaltlich die Chance haben, einmal die Mehrheit zu stellen. In gleicher Weise trifft dieser Vermittlungsmechanismus auf den Bereich der Interessenvermittlung der organisierten und »unorganisierten« Interessen zu. Auch hier existieren die genannten informellen und lose verbundenen Politik- und Interessenkoalitionen, in denen die einzelnen Akteure vertreten sind. Diese Koalitionen können mit Verbündeten im politischen Entscheidungszentrum kooperieren oder in inhaltliche Konkurrenz mit den dortigen Akteuren treten. Es ist durchaus üblich, dass sich die handelnden politischen Akteure mit Verbündeten aus Verbänden, Gewerkschaften oder NGOs zusammenfinden, um im gemeinsamen Schulterschluss für Gesetzesinitiativen zu werben. Gleichzeitig kann die Opposition genauso auf die gemeinsam geteilte Kritik aus Wirtschaft und Gesellschaft verweisen. In dieser Vorstellung steht nicht das Ergebnis einer Policy-Entscheidung im Vordergrund, sondern das Abbild der gesellschaftlichen Interessen und Konfliktlinien. Die Perspektive kann insbesondere die Austauschbeziehungen zwischen Entscheidungsträgern und Einflussträgern beschreiben.

Für beide Perspektiven kommen die Ausstattung und Ressourcenverteilung der Politik- und Interessenkoalitionen zum Tragen. Politische Ressourcen sind u. a. Informationen und Expertise, die öffentliche Unterstützung durch große Bevölkerungsteile sowie finanzielle Ausstattung und das Personal von Interessenorganisationen. Die aktuelle politikwissenschaftliche Forschung schätzt die direkte Rolle von finanziellen Mitteln in Europa und Deutschland im Vergleich zu den anderen Faktoren als begrenzt ein. Allerdings wirken finanzielle Mittel über die Ausstattung von Geschäftsstellen, die Finanzierungsfähigkeit für Kampagnen oder die Mittel für Netzwerkpflege, denn viele dieser Aufgaben sind arbeitsintensiv. Größere Abteilungen in Unternehmen, Verbänden und NGOs können die Arbeit auf spezialisiertes Personal aufteilen, welches an parlamentarischen Anhörungen teilnimmt, Interviews und Medienarbeit durchführt oder thematische Abstimmungen innerhalb der Interessenkoalitionen koordiniert.

Ein weiterer relevanter Einflussfaktor ist die Konflikt- und Organisationsfähigkeit der Interessen. Traditionellerweise stellt sich hier die Frage, in welchem Umfang sich die Interessen eignen, um gesellschaftliche Leistungen vorzuenthalten oder einen Streik zu organisieren. Hohe Konflikt- und Organisationsfähigkeiten finden sich daher insbesondere in gewerkschaftlich organisierten Bereichen. Mit diesem Einflussfaktor verbunden ist die Mobilisierungsfähigkeit. Diese thematisiert, wie Kampagnen zu einem bestimmten Interesse große mediale und gesellschaftliche Resonanz erzielen können. Das Beispiel von Fridays for Future und den Gemeinschaftskampagnen zahlreicher Verbände und NGOs zum Klimastreik im Laufe des Jahres

2019 zeigt, dass sich Themen rund um Klimawandel und Klimaschutz durchaus für breite Mobilisierung nutzen lassen können. Entscheidend ist dafür, dass Akteure in Politik- und Interessenkoalitionen die gleichen Argumente verwenden und die gleiche Sprache sprechen wie die handelnden Personen an der Regierung. Diese Kongruenz ist aber nicht immer gegeben, bspw. bei neu artikulierten Interessen abseits der etablierten Interessenvertretung, für die es noch keine Verbündeten in Parteien, Medien und Regierung gibt.

Ein letzter wichtiger Einflussfaktor ist der Zugang zu politischen Entscheidungen. Zentral sind hier die Anhörungen und Stellungnahmen im Gesetzgebungsprozess, die von den ersten Referentenentwürfen im Ministerium bis zu den Fachausschüssen im Parlament reichen. Einflussträger und Interessenorganisationen, die hier als Betroffene oder als Sachverständige geladen werden, haben eine wichtige Hürde für politisches Gehör überwunden. In der Praxis zeigt sich, dass jeweils die etablierten und die großen Verbände, Unternehmen und NGOs eine höhere Chance auf diesen Zugang haben. Stärkere Offenheit für große und kleine Organisationen herrscht generell im Bereich der Mobilisierungsfähigkeit. Insgesamt sind diese Einflussfaktoren vor dem Hintergrund der Asymmetrie der Interessenlandschaft zu sehen. Zahlenmäßig sind die Akteure der wirtschaftlichen Interessen gegenüber den öffentlichen Interessen in einer deutlichen Mehrheit. Etwa zwei Drittel aller organisierten Interessen aus der Sphäre der Einflussträger sind Wirtschafts-, Industrie- und Branchenverbände sowie Unternehmen. Ein weiteres Viertel dieser Sphäre besteht aus Verbänden öffentlicher Interessen – wie Umwelt- und Verbraucherschutz, Soziales und Menschenrechte –, Gewerkschaften, NGOs und anderen Akteuren. Zugespitzt spricht die Forschung von einer Geschichte der Wirtschaftsdominanz, während das zivilgesellschaftliche Gegengewicht in der Minderheit ist. Diese Schieflage in der Akteurs- und Interessenlandschaft muss berücksichtigt werden, um die Strukturen und Prozesse des Lobbyings und des Politikwandels zu verstehen.

Was – das Beharrungsvermögen des Status quo der Policy und die Pfadabhängigkeiten der Klimapolitik

Herausfordernde Probleme wie der Klimawandel stellen die beteiligten Akteure vor besondere Hürden, da getroffene Entscheidungen gleichzeitig von Teilen der Bevölkerung als Überreaktion, von anderen als zu zurückhaltende Reaktion empfunden werden. Entschiedenes sofortiges Handeln, das wissenschaftlich belegbar wirksamer und kostengünstiger ist als spätere Reaktionen, kann als übertriebener Eingriff wirken. Für staatliche Reaktionen auf die Klimakrise sind durch die Komplexität der Zusammenhänge, das Wiederauftreten von Krisenereignissen und die Größenordnung der betroffenen Bereiche eine Vielzahl von politischen Lösungsansätzen nötig. Wissenschaftlich lassen sie sich in drei Nachhaltigkeitsgesichtspunkte einteilen: (1) die Energie- und Emissionseinsparung durch verringerten Bedarf (Suffizienz), (2) die Effizienz einer ergiebigeren Nutzung durch technologischen Fortschritt und Ressourcenproduktivität sowie (3) die Konsistenz in der Vereinbarkeit von Technologie und Ökosystem. Die politischen Handlungsansätze unterscheiden sich nach übergeordneten Zielen, längerfristig angelegten Strategien und konkreten Maßnahmen.

National wie international herrscht große Einigkeit über die übergeordneten Klimaschutzziele. Bei der UN-Klimakonferenz in Paris Ende 2015 bekannte sich die Staatengemeinschaft zu gemeinsamen Zielen, welche die Staaten in einem partizipativen Prozess unter Beteiligung von Wissenschaft und Zivilgesellschaft in nationalen Klimaaktionsplänen erreichen wollen. In Deutschland regelt der Klimaschutzplan 2050 die Grundsätze und Ziele der Bundesregierung für die Umsetzung des Übereinkommens von Paris. Der Beteiligungsprozess mit Vertreter*innen aus Politik, Wissenschaft, Wirtschaft, Umweltverbänden, Kommunen und NGOs startete im Sommer 2015. Ende 2016 wurde der Plan vom Kabinett beschlossen, Ende 2019 folgte das Klimaschutzprogramm 2030, welches dessen Umsetzung regelt.

Zu den langfristigen Zielen gibt es ein umfassendes öffentliches Bekenntnis aller beteiligten Akteure, auch von Seiten der Wirtschaft.

Die Ebene der Strategien beschreibt die Handlungsansätze in verschiedenen gesellschaftlichen Sektoren, um diese Ziele zu erreichen. Sie definieren schrittweise Wegmarken und Zwischenziele, schwerpunktmäßig in den drei Sektoren der Strom-, Wärme- und Mobilitätswende. Die Ebene der konkreten Maßnahmen umfasst die Aktivitäten in den Sektoren auf nationaler Ebene und vor Ort. Allerdings wurde mehrfach kritisiert, dass die aktuell eingeschlagenen Strategien und Maßnahmen die deutschen Klimaziele verfehlen. Denn während das Bekenntnis zu Klimaschutz und den übergeordneten inhaltlichen Zielen geteilt und öffentlich bekundet wird, findet das harte Ringen auf Detailebene der Maßnahmen statt. Obwohl prinzipiell wirkungsvolle Instrumente auf Strategieebene eingeführt wurden, existieren geschickt konstruierte Schlupflöcher, die die klimafreundlichen Mechanismen aushebeln. Zu nennen ist bspw. (1) die Ausgestaltung des europäischen und des nationalen Emissionshandels mit schwachen ökonomischen Anreizen zur CO_2-Einsparung, (2) die verschiedenen industriefreundlichen Reformen des EEG zulasten des Ausbaus von Solar- und Windanlagen durch Ausbaudeckel und Abstandsregelungen sowie (3) der Kompromiss der Kohlekommission mit Beschlüssen, die den notwendigen Kohleausstieg auf das Jahr 2038 verschob und die Inbetriebnahme des Großkraftwerks Datteln IV beschloss. Hinzu kommen (4) klimaschädliche Subventionen, die als Ergebnis kontinuierlicher Lobbyaktivitäten zu verstehen sind. Dokumentiert werden diese im Subventionsbericht des Umweltministeriums, der vom Umweltbundesamt erstellt wird. Stellvertretend zu nennen sind (4.1) das steuerliche Dienstwagenprivileg für besonders große und verbrauchsintensive Autos und Elektro-Hybride, (4.2) die Steuerbefreiung von Kerosin im Flugverkehr sowie (4.3) die Vielzahl an direkten und indirekten Subventionen für Atom- und Kohleenergie.

Um diese Diskrepanz zwischen übergeordneter Zustimmung und darunterliegenden Auseinandersetzungen über strikte und schwache Regelungen erklären zu können, legt die Politikwissenschaft den

Fokus auf Politikwandelprozesse und Pfadabhängigkeiten. Die politikwissenschaftliche Forschung belegte vielfach, dass Politikwandelprozesse sehr langwierig sind und dass der politisch-inhaltliche Status quo von ausgeprägter Beharrlichkeit gekennzeichnet ist. Stellvertretend ist die großangelegte Studie »Lobbying and Policy Change« von Baumgartner, Berry und anderen aus dem Jahr 2009 zu nennen, die diesen Zusammenhang am US-amerikanischen Anwendungsfall lehrbuchhaft aufdeckte. Die Autor*innen führten eine Art Vollerhebung aller Vorhaben durch, die in einem Zeitraum von vier Jahren im politischen Washington bearbeitet wurden. Sie untersuchten knapp 100 Themen mit 214 Standpunkten (z. B. pro-contra, viel-wenig) mit 2 200 Akteuren (Entscheidungsträger und Lobbyist*innen). Ihre Ergebnisse gaben allerdings weniger Aufschluss über die von ihnen vermuteten Einflussfaktoren, wie Geld, Zugang, Expertise und Reputation. Vielmehr deckten die Ergebnisse komplexe Zusammenhänge von Politikwandel als solchem auf. In zwei Drittel der Fälle gewannen die Akteure, die den herrschenden, inhaltlichen Status quo verteidigt haben. Inhaltlicher politischer Wandel wurde stattdessen nur in einem Drittel der Fälle erzielt. Darüber hinaus scheiterten selbst die als mächtig geltenden Lobby-Akteure oftmals daran, ihre Forderungen überhaupt auf die politische Agenda zu setzen.

Einen umfänglichen Politikwandel anzustreben ist insbesondere für Organisationen der zivilgesellschaftlichen und öffentlichen Interessen äußerst schwierig. Graduelle Politikveränderungen sind hingegen deutlich wahrscheinlicher als ein Wandel, für den Fall, dass die Hürden des Agenda Setting überwunden werden. Langfristiger Politikwandel ist vielfach durch politisches Lernen charakterisiert. Hierbei handelt es sich um eine Verschiebung der politischen Narrative in den Köpfen der handelnden Personen. Diese Prozesse dauern allerdings ganze Politiker*innengenerationen. Der politische Status quo ist zudem immer von vorangegangenen Einflussnahmen und Pfadabhängigkeiten geprägt, in denen sich verschiedene Schieflagen kontinuierlich niederschlagen.

In der Klimapolitik wurden Richtungsentscheidungen zu Zielen, Strategien und Maßnahmen über die Jahre kontinuierlich von den zentralen Interessenvertretern beeinflusst. Wie hoch und wie konkret dieser Einfluss im Einzelnen aussah, lässt sich aufgrund des informellen Charakters des Lobbyings nicht eindeutig und widerspruchsfrei beschreiben. Allerdings lassen sich Größenordnungen und strukturelle Trends ausmachen. Die Forschung über politische Interessenvermittlung unterscheidet drei grundlegende Einflussvariationen. Erstens können Ungleichgewichte der institutionellen Strukturen, etwa zwischen den Politikfeldern Energie und Umwelt, bestimmte Interessenvertreter im Entscheidungsprozess bevorzugen oder benachteiligen. So finden die großen Energieunternehmen insbesondere Gehör im für Energie federführenden Wirtschaftsministerium, während Umweltverbände, Erneuerbare-Energien-Verbände und NGOs ihre Ansprechpartner im Klimaressort des Umweltministeriums haben. Zweitens wirken sich die Unterschiede zwischen Interessenvertretern in Bezug auf die Ressourcen von wirtschaftlich starken bzw. schwachen Interessen darauf aus, welche Instrumente und Kontaktmöglichkeiten gewählt werden. Drittens lässt sich ein Kontext der bereits existierenden Machtstellung ausmachen, in dem die politischen Akteure bestehende Politikinhalte aus vorangegangenen Einflussnahmen bearbeiten müssen. Denn neue Initiativen für Klimapakete stehen nicht im luftleeren Raum, sondern in einer langen Linie energie- und klimapolitischer Pfadabhängigkeiten. In diesem Pfad bündelt und verfestigt sich die eigentliche Macht der Lobbyakteure zulasten klimafreundlicher Politik. Systematische Machtunterschiede entstehen zwischen den verschieden starken ökologischen, sozialen, wirtschaftlichen und unternehmensbezogenen Interessen durch vorangegangene Kompromisse mit unterschiedlich stark ausgeprägter Ressourcenausstattung, ungleichen Mobilisierungs- und Einflussmöglichkeiten.

Auch die deutsche Energiewende ist demnach kein radikaler Politikwandel. Zwar wird an der Energiewende deutlich, wie sich Themenschwerpunkte verschieben können. Aber erst über den umfangreicheren Zeitverlauf wird das Ausmaß der Veränderungen deutlich. Denn anfangs stand sie im Zeichen von Strom mit dem Ausbau der erneuerbaren Energien und dem Ausstieg aus der

Atomenergie. Im Laufe der Zeit richtete sich die Diskussion vermehrt auf die Kosten sowie das Nebeneinander von Infrastruktur für Strom und Wärme. Später folgte der Dreiklang als Energiewende für Strom, Wärme und Mobilität. Auch die verschiedenen Richtungswechsel für mehr oder weniger ambitionierte Klimapolitik gliedern sich in die lange Linie. Hierzu gehören u. a. die Laufzeitverlängerungen für Atomkraftwerke im Jahr 2010, der externe Schock durch die Atomkatastrophe im japanischen Fukushima im Jahr 2011, dem das deutsche Atommoratorium folgte, oder die verschiedenen Novellen des EEG, die die Einspeisevergütung mit garantierten Preisen für den weiteren Ausbau der erneuerbaren Energien absenkten. Die Energiewende ist folglich das Produkt von mehreren spezifischen, komplementären und teils zügig eingeführten Maßnahmen als rasche Politikwenden, welche sich erst über einen Zeitraum von knapp 30 Jahren zu einem umfassenden Politikwandel aufaddieren. Auch wenn einzelne Industriebereiche bei bestimmten Gesetzespaketen und Klimainitiativen nicht als offensichtliche Sieger dastehen, heißt dies nicht, dass der industriefreundliche Status quo gebrochen ist. Denn auch einzelne Niederlagen müssen gleichsam wie die spektakulären Mobilisierungserfolge von Fridays for Future vor dem Hintergrund der langen Zeiträume von Politikwandelprozessen gesehen werden.

Wer – Akteure, Interessenkoalitionen und Strukturen

In erster Näherung lassen sich die zentralen Akteure der Klimapolitik zwei Politik- und Interessenkoalitionen zuordnen – der fossile Energien- und der Erneuerbare-Energien-Koalition. Diese Koalitionen sind informelle, lose verbundene Netzwerke zwischen Politik, Wirtschaft und Gesellschaft, die durch gemeinsame Interessen und Positionen im politischen Diskurs gekennzeichnet sind. Das heißt aber nicht, dass das Thema Klimawandel zwei gleichgewichtige Seiten hat, auf die man die Debatte reduzieren kann. Daneben existiert eine Vielzahl weiterer Akteursgruppierungen mit ökologischen, sozialen, wirtschaftlichen und aktivistischen Schwerpunkten. Hierunter fällt auch das Feld der organisierten Klimawandelleugner*innen, die sich u. a. im Umfeld des Europäischen Instituts für Klima und Energie (EIKE) sowie der Partei AfD finden. Auch wenn der Einfluss der Klimawandelleugner*innen nicht zu vernachlässigen ist, spielen sie im Policy-Diskurs im Vergleich zu den beiden Interessenkoalitionen eine untergeordnete Rolle.

Über die prinzipielle Zuteilung und Zusammensetzung der beiden zentralen Politik- und Interessenkoalitionen zum Thema Klimaschutz bzw. Energiewende herrscht in der Forschung große Einigkeit. Dort lassen sich zwei große Lager ausmachen, die in den einschlägigen Studien entweder als ökonomische und ökologische Koalition, als Befürworter und Gegner oder als Konventionelle-Energien- und Erneuerbare-Energien-Koalition bezeichnet werden. Mit dem umfassenden Blick auf die verschiedenen Sektoren der Klimapolitik ist jedoch hier die breitere Gegenüberstellung von fossilen und nachhaltigen, erneuerbaren Energien angemessen.

Die *Fossile-Energien-Koalition* besteht auf politischer Seite aus dem Bundeswirtschaftsministerium und den meisten Landeswirtschaftsministerien, vorausgesetzt diese haben kein explizites Klimaressort, den Verkehrsministerien in Bund und Ländern sowie den Parteien CDU/CSU, FDP und Teilen der SPD. Auf wirtschaftlicher Seite stehen die Spitzenverbände der gewerblichen Industrie und Wirtschaft BDI und DIHK, der Branchenverband der Energiewirtschaft BDEW, die Verbände der energieintensiven Industrien aus Chemie, Automobil, Kohle, Stahl und Metall sowie große Unternehmen dieser Bereiche. Auf verbandlicher Seite kommen einige Gewerkschaften, speziell die IG BCE für Bergbau, Chemie und Energie, hinzu. Auch Forschungseinrichtungen, Denkfabriken und weitere Akteure lassen sich dieser Koalition zurechnen. Zu nennen sind hier stellvertretend die Deutsche Energieagentur und die metallarbeitgeberfinanzierte Initiative Neue Soziale Marktwirtschaft (INSM).

Inhaltlich konzentriert sich die Fossile-Energien-Koalition auf die Aspekte Wirtschaftlichkeit, Wettbewerbsfähigkeit und Wachstum. Klimaschutz und Energiewende sieht sie eingebettet in die bestehende industrielle Struktur zentralisierter Großanlagen, die durch die Förderung der wirtschaftlichsten Technologien unterstützt werden soll. Die Koalition betont den Vorrang von Beschäftigung, der Förderung von Forschung und Entwicklung sowie der Rolle von Arbeitsplätzen in der Industrie, welche vor steigenden Kosten der Transformation geschützt werden müssen.

Der *Erneuerbaren-Energien-Koalition* gehören auf politischer Seite das Umweltministerium auf Bundes- und Länderebene sowie die Parteien der Grünen, die Linke und Teile der SPD an. Die wirtschaftliche Seite stellt die Branchenverbände der erneuerbaren Energien um den Dachverband BEE, die Verbände und Unternehmen der Clean-Tech-Branchen, den Zentralverband des deutschen Handwerks und die Gewerkschaft IG BAU. Aus dem Umweltbereich kommen die großen Umweltverbände BUND, NABU und Deutscher Naturschutzring sowie eine Vielzahl von Stiftungen und NGOs, wie Greenpeace und WWF, aber auch Sozialverbände, wenn es um sozial-ökologische Themen geht. Ebenso ordnen sich Forschungseinrichtungen, Denkfabriken und weitere Akteure zu, stellvertretend genannt durch die Agentur für Erneuerbare Energien, den Wissenschaftlichen Beirat der Bundesregierung Globale Umweltveränderungen und den Sachverständigenrat für Umweltfragen, das Wuppertal Institut für Klima, Umwelt, Energie sowie der Forschungsverbund Erneuerbare Energien.

Inhaltlich folgt die Erneuerbare-Energien-Koalition dem Primat des Klimaschutzes und den damit verbundenen ökologischen Überzeugungen. Sie sieht den Klimawandel und die Energiewende als gesellschaftliche und ökonomische Zukunftsinvestition. Mit der Transformation zu einem dezentralen Energiesystem und der Reduzierung des CO_2-Ausstoßes stärkt diese Investition nicht nur den Umwelt- und Naturschutz. Auch die Generationengerechtigkeit profitiert dadurch, dass langzeitige Klimaschäden und zu entsorgender Atommüll vermieden werden. Zudem schaffen technologische Innovationen neue Arbeitsplätze in Effizienz- und Klimaschutzbranchen. Die Prioritäten von Teilen der Koalition spalten sich jedoch bei der notwendigen Abwägung zwischen dem Vorrang des technologischen Ausbaus der erneuerbaren Energien und einem Vorrang von Naturschutzinteressen.

In Abhängigkeit der Themenzuschnitte und der grundlegenden Positionierung über den Zeitverlauf lässt sich eine Gruppe von uneinheitlich bewerteten Akteuren identifizieren, die wechselweise der einen oder der anderen Interessenkoalition nahestehen. Hierzu zählen die Gewerkschaften des Deutschen Gewerkschaftsbundes (DGB), darin insbesondere Verdi und IG Metall, die Unternehmen und Verbände der Finanzwirtschaft sowie die Kommunen und die kommunale Wirtschaft mit den großen Stadtwerken. Diese Akteursgruppe hat speziell bei Energiethemen stets an der Klimapolitik mitgewirkt. Ihnen kommt durch die dezentrale Transformation der Energieversorgung und -infrastruktur eine wachsende Bedeutung zu. Sie werden in ihrer Positionierung von der Forschung entweder unterschiedlich interpretiert oder veränderten ihre Haltung zu bestimmten Aspekten von Klimaschutz und Energiewende.

Der einleitende Blick auf die beiden grundlegenden Koalitionen lässt die Spektren ihrer Interessen und Positionen als gleichmäßig verteilt erscheinen. Sie stehen aber keineswegs in einem Gleichgewicht. Wie die Beschreibung der Pfadabhängigkeiten der Klimapolitik und die Asymmetrie der Interessenlandschaft gezeigt hat, liegt auch hier eine Schieflage einerseits zugunsten der Unternehmens- und Wirtschaftsvertreter und andererseits zugunsten des industriefreundlichen Status quo vor. Diese Akteure werden in der Regel häufiger zu Gesprächen in Ministerien geladen oder nehmen häufiger an Anhörungen und Gremien teil. Ein Grund hierfür sind die gewachsenen persönlichen Beziehungsnetzwerke zwischen Interessenvertretern und politischen Entscheidungsträgern. Hier haben die fossilen Energien einen deutlichen, zeitlich gewachsenen Vorsprung vor den erneuerbaren, wie eine kleine Anfrage des Bundestags aus dem Jahr 2014 beispielhaft dokumentiert. Nicht zu unterschätzen ist zudem die ungleiche Ressourcenausstattung der Geschäftsstellen zwischen großen und kleinen Akteuren sowie zwischen wirtschaftlichen und öffentlichen Interessen. Die großen Verbände, Unternehmen und NGOs verfügen über mehr Personal, welches sich um die politischen Kontakte, die Fachexpertise und die Lobbying-Aktivitäten kümmern kann. Bei kleineren Organisationen und insbesondere bei öffentlichen Interessen ist die Personaldecke deutlich dünner. Dementsprechend können trotz des Strebens nach gleichverteilter politischer Beteiligung nicht alle Akteure und nicht mit der notwendigen Häufigkeit teilhaben, wie dies gewünscht ist.

Beide Politik- und Interessenkoalitionen handeln in den modernen Governance-Strukturen der Politikgestaltungsprozesse. In diesen Strukturen überlappen sich die Regulierungsebenen von Hierarchie, Wettbewerb und Verhandlungen zwischen den Entscheidungs- und Einflussträgern. Die Gestaltungsprozesse stehen in der Schnittmenge von Parteienwettbewerb im Parlament, Verwaltungshandeln im europäischen und föderalen Mehrebenensystem sowie Verhandlungsarrangements, wie Kommissionen, Expertengremien und runde Tische. Denn die drei Sektoren der Strom-, Wärme- und Mobilitätswende funktionieren lediglich im abgestimmten Zusammenspiel der verschiedenen Fachressorts und Gesetzgebungskompetenzen. Diese liegen je nach Themenzuschnitt auf Bundesebene, etwa beim Erneuerbare-Energien-Gesetz, dem Energiewirtschaftsgesetz und den Bereichen des Eisenbahn-, Straßenverkehrs- und Luftfahrtrechts, oder bei den Bundesländern bei Fragen des Naturschutzes und der Raumordnungspolitik. Über die Klimazuständigkeit der konkurrierenden Gesetzgebung liegen zentrale Regelungsbereiche ebenfalls bei den Ländern, wie sich an zahlreichen Landesklimaschutzgesetzen oder an Erneuerbare-Wärme-Gesetzen zeigt. Hier kann der Bund aber über ein bisher nicht vorhandenes Bundesklimaschutzgesetz tätig werden.

Die Governance-Strukturen stellen alle Akteure der Politik- und Interessenkoalitionen vor Herausforderungen. Durch die Pluralisierung der Organisationslandschaft, die Professionalisierung der politischen Kommunikation und Interessenvermittlung und die Spezialisierung der Akteure beteiligen sich mehr und mehr Stimmen an der politischen Debatte, die im Vergleich zu früher stärker unterschiedliche Positionen einnehmen. Bereits die Energiemarktliberalisierungen der 1990er-Jahre und das Wachstum der erneuerbaren Energien ab dem Jahr 2000 brachten neue Energieunternehmen und -dienstleister hervor, eine neue Rolle für Stadtwerke, Anlagenbauer und Finanzierungsdienstleister sowie Energiekonsument*innen und -genossenschaften, die von nun an selbst Strom als private Anlagenbesitzer produzieren konnten. Durch die wachsende Sichtbarkeit von Klima- und Umweltschutzthemen haben sich neben die großen Umweltverbände ebenfalls neue NGOs, Verbände und Bürgerinitiativen gestellt. Hierunter fallen auch neue Gruppierungen wie Fridays for Future.

Dennoch bleibt das Maß an politischer Aufmerksamkeit der politischen Agenda begrenzt. Vielmehr wächst die Konkurrenz zwischen den etablierten und den neuen Stimmen. Auch die Bündelung der verschiedenen gesellschaftlichen Prioritäten und Interessen innerhalb der etablierten Verbände wird durch die zunehmende inhaltliche Komplexität der Themen und der Anforderungsvorstellungen erschwert.

Hinzu kommt die populistische Herausforderung. Zum Teil herrscht der Wunsch nach einfachen Antworten auf komplexe Probleme, nach »Schwarz-Weiß-Malerei« und nach Lagerdenken mit klaren Feindbildern. Dieser Trend geht bis hin zur Wissens- und Wissenschaftsfeindlichkeit, der sich in der Klimapolitik etwa bei der AfD und den Klimawandelskeptiker*innen zeigt. Einschränkend muss hier erwähnt werden, dass sich beim Thema Klimaschutz und Energiewende langfristige strukturelle Gewichtungsveränderungen im politischen Diskurs ausmachen lassen. Über die Zeit entwickelten sich die Themen von einem sog. Positions-Issue, bei dem Unterstützer und Gegner klar zu benennen sind, hin zu einem sog. Valenz-Issue, bei dem sich unterschiedlich hoch ausgeprägte Unterstützungswerte zeigen. Eine Vielzahl von Stimmungsbildern zeigt, dass die Bevölkerung sowie zentrale politische und gesellschaftliche Akteure eine grundsätzlich positive Haltung zur Notwendigkeit des Klimaschutzes und zur Umsetzung der Energiewende haben. Statt konkurrierende

Positionen für und gegen Klimaschutz überhaupt auszubilden, verläuft der Diskurs vielmehr über das unterschiedlich hohe Maß an Zustimmung zu bzw. Ablehnung von bestimmten Teilstrategien und Maßnahmen. Hier grenzen sich verschiedene Akteure durch konkurrierende und teilweise auch polarisierende Positionen voneinander ab. Eine öffentlich vertretene Gegnerschaft steht in Deutschland allerdings lediglich am äußersten Rand des Diskurses. Zusammengenommen verdeutlicht dieser Überblick, wie sich die Akteurskonstellation der politischen Entscheidungs- und der lobbyistischen Einflussträger in den Pfadabhängigkeiten der Klima- und Energiewendepolitik erfassen und strukturieren lässt.

Wie – Strategien, Handlungslogiken und Instrumente des Lobbyings

Um die Einflusswege des Lobbyings in der Klimapolitik zu beschreiben, zieht die politikwissenschaftliche Forschung die Strategien, Handlungslogiken und Instrumente der Interessenvermittlung heran. Auf Ebene der Lobbying-Strategien lassen sich verschiedene Strategietypen ausmachen, die sich idealtypisch an drei Kriterien orientieren. Das erste Unterscheidungskriterium ist die Wahl des direkten Zugangs oder des Weges über die Öffentlichkeit: Zugang erwerben oder an die Öffentlichkeit gehen. In dieser Gegenüberstellung nutzen Akteure der Interessenvermittlung ihre langfristig gewachsenen, vertrauensbasierten, direkten Kontakte zu politischen Entscheidungsträgern (*inside lobbying*). Alternativ – und insbesondere, wenn ihnen der direkte Weg nicht offensteht – nutzen die Akteure einen Umweg, um politischen Druck über öffentliche Stimmung, Kampagnenarbeit und Mobilisierung aufzubauen (*outside lobbying*). Aktuelle Forschungsansätze nutzen zudem das zweite Kriterium: das Policy-Ziel, welches die Akteure verfolgen. Die Strategietypen unterteilen sich danach, ob die Einflussträger einen Politikwandel anstreben, oder den Status quo erhalten wollen. Wie erwähnt ist es schwieriger, für politischen Wandel zu werben als bestehende Regelungen zu verteidigen. Als drittes Kriterium unterscheidet die Forschung kooperative und konfrontative Strategieausrichtungen. Bei kooperativen Strategien übernehmen die Einflussträger die Rolle des Expertise-Lieferanten – sie sehen sich als Partner der Politik. In konfrontativen Strategien nutzen sie die Rolle als Kritiker bzw. Opponenten der Politik. Diese Ausrichtung kann als Blockadehaltung erfolgen, als Mahnung vor den Folgen einer Entscheidung oder auch als sog. »Watchdog«, um auf politische Missstände oder das Verfehlen der politischen Ziele hinzuweisen.

An die Unterscheidungsdimensionen der Strategietypen schließen die Anforderungen der konkurrierenden Handlungslogiken des Lobbyings an, die die verschiedenen Einflusswege aus Organisationsperspektive stellen. Politikwissenschaftlich kann ein theoretisches Dreieck der Handlungsrationalität angelegt werden, welches beschreibt, wie Einflussträger zwischen den Eckpunkten Basis, Politik und Medien agieren. Dieses Dreieck eröffnet ein organisationales Spannungsfeld, in der die strategische Positionierung der Interessenvermittlung steht. In den Eckpunkten findet eine Abwägung der sog. politischen Tauschgüter nach bestimmten Austauschlogiken statt.

(1) In Richtung *Basis* thematisiert die Unterstützungslogik, wie die Personenkreise innerhalb der Organisation zufrieden gestellt werden können. Je nach Akteurstyp und Geschäftsmodell sind dies die Mitgliedsunternehmen, Verbandsmitglieder und Kreise der Unterstützer*innen, die Mitarbeiter*innen, aber auch die Geldgeber*innen und Aktionär*innen. Vereinfacht gesehen fordern die Unterstützungskreise eine positive eigene Kosten-Nutzen-Abwägung, ein klares Profil und detaillierte Programme. Gerade in medial oder ideologisch aufgeheizten Detailfragen kann dies auch der Wunsch nach der »reinen Lehre« der eigenen Überzeugungen und die Ablehnung jeglicher Kompromisse sein. Die Basisbeziehungen stehen im Zeichen der Mobilisierung und der Wahrnehmung von politischer Selbstwirksamkeit. Die Organisationsspitze muss ihre Lobbying-Aktivitäten in

einen gemeinsamen Politik- und Kampagnenrahmen einbetten, kann hierfür aber ihre Basis als Multiplikator nutzen, bspw. wenn die Anliegen dezentral in Wahlkreisen und Kommunen angesprochen werden.

(2) In Richtung *Politik* erfasst die Einflusslogik, wie Expertise und nützliche Argumente für politische Berücksichtigung getauscht werden. Die Politikbeziehungen zielen auf direkte Kontakte, Bündnisse und Expertise. Die Akteure der Interessenvermittlung spezialisieren sich in ihren Schwerpunktthemen in ihrer jeweiligen Nische der Interessenlandschaft und agieren arbeitsteilig in übergreifenden Themenkoalitionen. Dafür nutzen sie u. a. fachliche Expertisen, Anhörungen, Gremienteilnahmen und Hintergrundgespräche. Die Einflusslogik reagiert damit auf die idealtypischen Anforderungen der Entscheidungsträger, die klare, expertisebasierte Forderungen für tragbare Kompromisse benötigen. Dieses Experten- und Praxiswissen hilft den Entscheidungsträgern, die Unsicherheit in Entscheidungssituationen zu reduzieren.

(3) In Richtung *Medien* beschreibt die Reputationslogik, wie die Einflussträger als anerkannte Akteure mit einem relevanten Thema gesehen werden. Die Medienbeziehungen folgen der Kampagnenorientierung. Professionalisierte Kommunikationsarbeit steht im Wettbewerb um die Aufmerksamkeit. Genutzt werden Themenallianzen, die Kombination aus Bildern und Aktionen sowie der Hebel der persönlichen Betroffenheit. Damit reagiert die Reputationslogik auf die idealtypischen Anforderungen der Medien: Neuigkeitswert, inhaltliche Zuspitzung und die Inszenierung eines Konflikts zwischen zwei entgegengesetzten (Extrem-)Positionen des thematischen Spektrums.

Diese Lobbying-Strategien und Handlungslogiken unterscheiden sich je nach Ansatzpunkt der Interessenvermittlung. Höchste Priorität als Ansprechpartner für Einflussträger hat die Regierung mit ihrer Ministerialbürokratie, dicht gefolgt von den Fachausschüssen des Parlaments, in denen die Expert*innen der Fraktionen sitzen. Diese Einteilung folgt der Funktionslogik parlamentarischer Regierungssysteme, in denen ein Großteil der Gesetze (gut 80 %) von den

Ministerien vorbereitet und formal von der Regierung in den Gesetzgebungsprozess eingebracht wird. In den ersten Phasen der ministeriellen Entwurfsabstimmung gilt der Gestaltungsspielraum für die Interessenvermittlung als besonders hoch. Spätere Änderungen sind häufig nur in geringerem Maß durchzusetzen. In den letzten Phasen des Gesetzgebungsprozesses wird realistisch gesehen lediglich über Zustimmung und Ablehnung entschieden.

Primärer Adressat der Interessenvermittlung sind daher auf europäischer Ebene die EU-Kommission mit den fachlichen Generaldirektionen sowie in Deutschland die Bundes- und Landesregierungen mit ihren Ministerien. Für Klimaschutz- und Energiewendethemen liegt die Zuständigkeit meist bei den Wirtschafts- und Umweltministerien, je nach Themenlage bei den Ressorts für Verkehr, Bau und Stadtentwicklung, für Bildung und Forschung sowie für Querschnittsanliegen beim Bundeskanzleramt, den Staatskanzleien und den Finanzministerien. Zweiter Adressat der Interessenvermittlung sind die Parlamentsausschüsse und Fraktionsarbeitsgruppen von EU-Parlament, Bundestag und Landtagen. Entsprechend den parlamentarischen Arbeitsstrukturen gliedern sich Fraktionsarbeitsgruppen parallel zum Zuschnitt der Ministerien. An dritter Stelle stehen Querschnittsakteure. Im Kompetenzgeflecht des deutschen Föderalismus betrifft dies insbesondere die Bund-Länder-Koordination. In vielen Klima- und Energiewendethemen beteiligen sich die Länder im regulären Gesetzgebungsprozess über den Bundesrat, über Bund-Länder-Energiegipfel im Kanzleramt sowie über die Bund-Länder-Gesprächskreise auf Ministerebene. All diese Entscheidungsstellen sind für die Strategien der Einflussträger relevant und werden in den verschiedenen Phasen der Politikgestaltungsprozesse adressiert.

Die konkreten Instrumente des Lobbyings richten sich an den Strategien und Ansatzpunkten aus. Für den direkten Kontakt nutzen Einflussträger persönliche Treffen mit Personen aus Ministerien und Parlamentsausschüssen. Auch direkte Kommunikation über Telefonate, Korrespondenz und Gespräche am Rande von Gremiensitzungen und Veranstaltungen spielen eine große Rolle. Für den Weg über die Öffentlichkeit zählen für Einflussträger die eigene Medienarbeit mit

Themenmonitoring, regelmäßigen Pressemitteilungen und Kontakten in die Medien. Hinzu kommt die professionalisierte Kampagnenarbeit. Relevant für diese beiden Bereiche sind Instrumente, die den Austausch mit anderen Interessenakteuren forcieren. Wichtige und kontinuierliche Gesprächspartner sind Akteure mit gleichen und ähnlichen Interessen. Doch auch der Kontakt zu Akteuren mit konträren Interessen gilt als wichtig für den Blick über den Tellerrand, das wechselseitige Verstehen der Positionen und teilweise, um unerwartete Themenbündnisse zu schmieden.

Eine hervorgehobene Stellung bei den Instrumenten des Lobbyings hat wissenschaftliche Politikberatung in Form von Expertisen und Studien. Dieses Wissen stammt entweder aus den Organisationen selbst oder aus Aufträgen für Wissenschaftseinrichtungen. Fachexpertisen können sowohl ein politisches Instrument sein als auch die Position von Einflussträgern legitimieren. Gegenüber Entscheidungsträgern erhöht die bereitgestellte Expertise die Durchschlagskraft der eigenen Argumente. Gegenüber den Medien bietet die strategische Veröffentlichung von Studien und fachlichen Stellungnahmen einen Kommunikationsanlass im Agenda Setting, an welchem weitere Aktionen und Kampagnen ansetzen können. In beiden Fällen müssen die Einflussträger eine Übersetzungsleistung erbringen, um die wissenschaftlichen Ergebnisse verständlich und politisch nutzbar zu machen. Zudem gibt es einen Trend zur Personalisierung von Expertise, wenn zu bestimmten Themen immer wiederkehrende Gesichter in Interviews und Talkshows erscheinen. Schließlich trägt die persönliche, inhaltlich fundierte Fachexpertise dazu bei, die eigenen Positionen im politischen Prozess zu untermauern und damit in ihrer Legitimation zu stärken.

Illustrieren lassen sich diese Strategien, Handlungslogiken und Instrumente anhand von zwei Beispielen. Das erste Fallbeispiel ist die Kommission »Wachstum, Strukturwandel und Beschäftigung« oder kurz die Kohlekommission, die von Mitte 2018 bis Anfang 2019 den sog. Kohlekompromiss erarbeitete. Um einen breiten politischen und gesellschaftlich tragfähigen Konsens zu ermöglichen, umfassten die 28 stimmberechtigen Mitglieder u. a. Vertreter*innen der Parteien,

Wirtschaftsverbände und Gewerkschaften, Umweltverbände und NGOs, der Wissenschaft und Bürgerinitiativen. Damit steht die Kommission in der etablierten Traditionslinie ähnlicher Expert*innen- und Koordinierungsgremien und runder Tische, die gemeinsam getragene Politikempfehlungen geben oder aber, so die Kritik, wichtige Entscheidungen auf die lange Bank schieben können. Der gemeinsam erarbeitete Abschlussbericht legt Maßnahmenvorschläge vor, die Klimaschutz, Wirtschaftswachstum und den Schutz von Arbeitsplätzen berücksichtigen und einen Ausstieg aus der Kohleverstromung im Jahr 2038 festlegen. Damit würde Deutschland einen langsamen und bereits seit langem angelegten Pfad fortführen. Andere europäische Länder haben den Kohleausstieg bereits erfolgreich vollzogen oder planen ihn im Laufe der ersten Hälfte der 2020er-Jahre. Der Abschlussbericht soll als Grundlage eines Kohleausstiegsgesetzes dienen, welches erst eineinhalb Jahre nach Ende der Kommissionsarbeit im Sommer 2020 verabschiedet wurde. Mehrere Kommissionsmitglieder, darunter die Umweltverbände und Greenpeace, kritisierten in der Folge u. a. die schleppende Umsetzung.

Mit Bezug auf die Strategietypen lässt sich von *inside lobbying* und einer kooperativen Strategie der Beteiligten sprechen. Vertreter*innen beider Interessenkoalitionen hatten direkten Zugang zur gemeinschaftlich abgestimmten Entscheidung, wie es diesem Beteiligungsformat entspricht. Neu hingegen ist, dass nicht nur Mitgliedschaftsverbände, sondern mit Greenpeace auch eine NGO ein explizites Verhandlungsmandat hatte. Die konkurrierenden Handlungslogiken lassen sich insbesondere bei den Umweltorganisationen erkennen. Einerseits bietet die Kommissionsbeteiligung privilegierte Möglichkeiten für politisches Gehör. Andererseits müssen die inhaltlichen Zugeständnisse gegenüber der Basis vermittelt werden. Auf Ebene der Lobbying-Instrumente stehen Verhandlungsrunden und persönliche Gespräche. Die Beschlüsse sind ein inhaltlicher Kompromiss zwischen der Priorität für ambitionierten Klimaschutz und für den langfristigen Strukturwandel der privilegierten Kohle-Arbeitsplätze. Trotz der gemeinsamen Betonung der Wichtigkeit von Klimaschutz gab es sehr harte Auseinandersetzungen in Regelungsfragen, die die notwendigen Einsparungen zeitlich nach hinten schieben.

Das zweite Fallbeispiel sind die Mobilisierungserfolge von Fridays for Future. Insbesondere im Laufe des Jahres 2019 setzten die Schulstreiks und die immer größer werdenden Demonstrationen in deutschen Städten das Thema Klimaschutz in besonderem Maße auf Agenda. Höhepunkte waren weltweite Klimastreiks, u. a. im September im Vorfeld des UN-Klimagipfels und im November im Vorfeld der UN-Klimakonferenz. Organisiert wurden die Demonstrationen von lokalen Fridays-for-Future-Gruppen und von zahlreichen Verbänden und NGOs, die sich an einer Gemeinschaftskampagne beteiligten. Als Strategietypen lassen sich *outside lobbying* und konfrontative Strategien ausmachen, die die unzureichende Umsetzung der UN-Klimaziele anprangerten. Die eingesetzten Instrumente umfassten öffentliche Demonstrationen mit kreativen Aktionen und dem provokanten Fernbleiben vom Unterricht, digitale Kommunikation über Social Media und die Mobilisierung von Familie und Freundeskreisen der jungen Aktivist*innen. Die Handlungslogiken orientierten sich insbesondere an der Reputationslogik der Medien, etwa durch den medialen Wunsch nach Personalisierung (am Beispiel Greta Thunberg) und den Neuigkeitswert durch das inszenierte Tabu des Schulschwänzens. Die Mobilisierung richtete sich zudem an die Unterstützungslogik der Basis und der Verbündeten in anderen zivilgesellschaftlichen Organisationen. Beide Handlungslogiken stehen hier jedoch in Konflikt mit der Einflusslogik der Politik. Denn für politische Entscheidungsträger ist es schwierig, mit neuen Akteuren – insbesondere mit lose organisierten, dezentralen Bewegungen – zu verhandeln, welche völlig andere Erwartungen an die politische Praxis haben. Daher waren zahlreiche Politiker*innen verunsichert, wie sie auf Friday for Future reagieren sollen. Ohne eine gut vermittelbare Perspektive auf die politische Umsetzbarkeit droht Akteuren, wie Fridays for Future, die Gefahr, dass die Mobilisierungserfolge als kurzfristige externe Schocks gesehen werden und nicht in die Politikgestaltungsprozesse einfließen. Denn die öffentliche Sichtbarkeit und Aufmerksamkeit für Anliegen und Akteure führt nicht automatisch zu politischer Berücksichtigung. Vielmehr braucht es eine Übersetzungsleistung, um die Durchsetzungsfähigkeit der Interessen und Argumente sicherzustellen.

Fazit – Für einen langen Atem der Treiber für klimafreundliche Transformationsprozesse

Dieser Beitrag skizzierte ein differenziertes Bild des Lobbyings und der Politikwandelprozesse in der Klimapolitik. Anhand der Pfadabhängigkeiten der Klima- und Energiewendepolitik Deutschlands wurde das Beharrungsvermögen des politischen Status quo herausgearbeitet. Die Akteure der politischen Entscheidungs- und Einflussträger lassen sich zwei Interessenkoalitionen zuschreiben, in denen sie verschiedene Prioritäten unter der übergeordneten Zielsetzung des Klimaschutzes verfolgen. Trotz der gemeinsam akzeptierten Ziele ringen die Akteure auf Ebene der Strategien und Maßnahmen um die konkrete Ausgestaltung der Regulierungen.

Um die Anliegen eines ambitionierten Klimaschutzes wirksam durchzusetzen, empfiehlt sich eine Kombination von Strategien des Agenda Settings und des Auf-der-Agenda-Haltens, um einen nachhaltigen Politikwandel zu ermöglichen. Das kurzfristige Agenda Setting umfasst dabei punktuelle Impulse und Interpretationsangebote im tagesaktuellen medialen Aufmerksamkeitszyklus, in dem ein breiter Kreis an Forderungen flexibel und spontan gesetzt wird. Das Auf-der-Agenda-Halten konzentriert sich mit einem schmaleren Forderungskreis darauf, dass die Gemeinschaftspositionen kontinuierlich auf der politischen Agenda bleiben.

Denn nur in dieser Strategiekombination können Politiker*innen und Lobbyist*innen das Durchhaltevermögen entwickeln, welches sie benötigen, um die strukturellen Hürden und kurzfristigen Blockadehaltungen der Profiteure des Status quo zu überwinden und um die

Mogelpackungen in Klimapakten zu enttarnen. Denn wie der Überblick über die politischen Strukturen zeigt, ist wirksamer Politikwandel selbst ohne bremsende Absicht der Handelnden ein schwieriger Weg. Die zahlreichen Konflikte auf Strategie- und Maßnahmenebene können diesen Weg deutlich verlängern und das vorhandene Momentum aufhalten. Die langfristige Gestaltungsperspektive ambitionierter Klimapolitik basiert deshalb auf dem kontinuierlichen Motivationsvermögen und dem langen Atem der aktiven Treiber klimafreundlicher Transformationsprozesse aus den Unterstützungsbereichen der Politik, Wirtschaft, Zivilgesellschaft und Wissenschaft.

Literatur

Baumgartner, Frank R./Berry, Jeffrey M./Hojnacki, Marie/Kimball, David C./Leech, Beth L. (2009): Lobbying and Policy Change. Who Wins, Who Loses, and Why. Chicago/London: University of Chicago Press.

Verfassungsrechtliche Herausforderungen der Klimakrise

Marc Zeccola

Einleitung

»Die Klimakrise stellt die Menschheit vor gewaltige Herausforderungen.« Dieser Satz ist oft zu hören; die darin enthaltene Aussage wird überwiegend als Tatsache anerkannt und nur noch von Unbelehrbaren weiterhin bestritten. Expert*innen warnen schon seit langem vor den Folgen, aber auch den Herausforderungen eines sich ändernden Klimas. Politische Entscheider*innen stellen sich mittlerweile mehrheitlich diesen Herausforderungen – auch wenn sich die Spannbreite und Effektivität der Maßnahmen unterscheidet. Doch was genau verbirgt sich hinter diesen Herausforderungen? Diese trivial anmutende Frage scheint bei genauerer Betrachtung weithin vernachlässigt worden zu sein. Im Detail überfordert die Komplexität des Themas ohnehin – Expertenwissen wird beinahe zur notwendigen Voraussetzung. Das umfasst ausdrücklich nicht nur die Öffentlichkeit, sondern auch die politisch handelnden Akteure.

Beim Versuch, die Herausforderungen des Klimawandels zu bewältigen, treten die verfassungsrechtlichen Maßstäbe politischen Handelns oft in den Hintergrund. Selbst im politischen Alltagsbetrieb scheinen sie oft vergessen zu werden, weshalb die Lösungsansätze und Maßnahmen der staatlichen Gewalten teilweise überstürzt wirken und trotz vermeintlich guter Intentionen die Kluft zwischen Repräsentanten und Repräsentierten vertiefen. Bereitet es den Repräsentant*innen nämlich selbst Schwierigkeiten, komplexe Herausforderungen zu verstehen und umzusetzen, so wird es nahezu unmöglich, die daraus resultierenden Entscheidungen zu vermitteln. Demokratiedefizite sind die Folge und lassen die Staatsleitung (worunter im Folgenden Regierung und Parlament verstanden werden) verwundert, zum Teil mitunter hilflos, zurück.

Unterschiedlichste neue Lösungsansätze werden deshalb diskutiert und ausprobiert, stoßen aber nicht selten an verfassungsrechtliche Grenzen. Veranschaulicht werden kann dies an der sog. Kohlekommission, die von Bundesregierung und Bundestag eingesetzt wurde mit dem Auftrag, einen gesellschaftlich getragenen Konsens für den Kohleausstieg auszuarbeiten. Das Format sollte alle betroffenen Gruppen in den Entscheidungsprozess integrieren und so die gesellschaftliche Akzeptanz der Entscheidung erhöhen. Vordergründig ein durchaus legitimer Versuch der Politikvermittlung – bei genauerer Betrachtung jedoch verursacht dieser Ansatz einen Konflikt mit dem Legitimationsmodell aus Art. 20 Abs. 2 GG, das die Souveränität des Volkes über die gewählten Vertreter*innen sichert. Entscheidungen lassen sich daher nicht beliebig externalisieren. Auch wenn dies mit guter Absicht geschieht, darf die garantierte Legitimationsteilhabe des Volkes nicht ausgehebelt werden.

Der folgende Beitrag widmet sich deshalb den verfassungsrechtlichen Herausforderungen der Klimakrise. Es wird sich dabei zeigen, dass klimapolitische Entscheidungen des Staates aufgrund ihrer Tragweite und Dringlichkeit nicht selten an die Grenzen des Verfassungsrechtes stoßen. Reibungen können auf verschiedenen Ebenen des demokratisch-repräsentativen Prozesses auftreten: Im Folgenden wird der verfassungsrechtliche Entscheidungsprozess bei klimabedingten Entscheidungen daher beginnend mit dem Entscheidungsfindungsprozess der Staatsleitung – die das Zusammenwirken von Bundestag und Bundesregierung beinhaltet – über die anschließende Rückkopplung zum Repräsentierten bis zur Umsetzungsebene dargestellt. Diese Ebenen werden sodann in Bezug gesetzt zu den bisher eingeschlagenen Lösungspfaden im Bereich der Klimapolitik (Stärkung der Partizipation, Externalisierung staatlicher Entscheidungen und Beschleunigungsgesetze), um deren Wechselwirkungen aufzuzeigen.

Staatsrechtliche Maßstäbe

Defizite unserer repräsentativen Demokratie sind vielfach zu beobachten und mittlerweile sozialwissenschaftlich nachgewiesen. Sie äußern sich in mannigfaltiger Ausprägung bspw. durch radikaler werdende Widerstände gegen hoheitliche Entscheidungen, das Erstarken von populistischen Parteien, den Verlust des Vertrauens in demokratische Institutionen. Auch wenn diese Beobachtungen auf viele Politikfelder zutreffen, treten sie doch besonders deutlich im Bereich der Klimapolitik hervor. Es wird daher vielfach erörtert, wie solche Defizite ausgeglichen werden können. Als Lösungsansätze werden, vereinfacht gesagt, die unmittelbarere Einbindung der Repräsentierten (durch Partizipation), eine verbesserte Politikvermittlung oder die Externalisierung von Entscheidungen vorgeschlagen. Alle Vorschläge berühren die Entscheidungsfindung im repräsentativ-demokratischen System des Grundgesetzes, das sich auf verschiedenen Ebenen manifestiert. An dieser Stelle soll nicht (nur) das formelle verfassungsrechtliche Gesetzgebungsverfahren – das im Rahmen der Normenkontrolle prozessrechtlich ohnehin voll überprüfbar ist –, sondern der gesamte Entscheidungsfindungsprozess dargestellt werden. Am Ende dieses Prozesses steht als Ergebnis eine hoheitliche Maßnahme, die mehrheitlich als Gesetz formuliert ist. Doch das rein formelle (Gesetzgebungs-)Verfahren spiegelt die angesprochenen Mechanismen und Wirkungen des Entscheidungsprozesses nicht gänzlich wider. Daneben bestehen bedeutsame informelle oder ideelle Möglichkeiten der gesellschaftlichen Einflussnahme, die sich unter anderem im Verhältnis der Abgeordneten zu den Wählern äußern. Vehement und gemeinschaftlich geäußerte Willensäußerungen der Bürger*innen bspw. lassen die politischen Entscheider nicht unbeeindruckt und wirken sich so auf ihre Meinungsbildung aus (z. B. Fridays-for-Future-Demonstrationen). Sie spielen dabei eine ebenso große – wenn nicht sogar bedeutendere – Rolle als das rein formale Verfahren. Das Grundgesetz kennt zwar den Begriff der »öffentlichen Meinung« nicht ausdrücklich, setzt diese Mitwirkung am Meinungsbildungsprozess aber an mehreren Stellen voraus. Grundlage bildet Art. 20 Abs. 2 GG, der festlegt, dass alle Staatsgewalt vom Volk als Souverän ausgeht – was natürlich die Kenntnis seiner Meinung impliziert. In Art. 21 GG wird den Parteien auferlegt, an der »politischen Willensbildung des Volkes« mitzuwirken. Auch die Repräsentationsfunktion des Art. 38 GG bedeutet gerade nicht nur die Willensbildung, die an die Wahlentscheidung geknüpft ist, sondern vor allem auch diejenige, die durch die stetige demokratische Kommunikation, also den Dialog zwischen Volk und Parlament, erfolgt (BVerfGE 44, 125 (139)). Letztlich schützen die Kommunikationsgrundrechte aus Art. 5 Abs. 1 GG u. a. die freie Meinungsäußerung ausdrücklich, damit eben auch der Dialog mit der Staatsleitung gewährleistet ist. Das Bundesverfassungsgericht formuliert hierzu: »Demokratie setzt eine ständige freie Auseinandersetzung zwischen sich begegnenden sozialen Kräften, Interessen und Ideen voraus, in der sich auch politische Ziele klären und wandeln und aus der heraus eine öffentliche Meinung den politischen Willen vorformt.« (BVerfG 97, 350 (396)) Der *staatsrechtlichen* Analyse erschließt sich dieser Bereich nur schwer, sodass er auch in der Forschung keine herausgehobene Stellung einnimmt, da sich viele Vorgänge im Bereich des Faktischen, rechtlich nicht Determinierten abspielen. *Demokratietheoretisch* hingegen wurde und wird diese Auseinandersetzung weiterhin lebhaft diskutiert, allerdings nur unter oberflächlicher Berücksichtigung der verfassungsrechtlichen Komponenten. Eine bessere Verknüpfung dieser beiden Bereiche könnte durchaus neue Erkenntnisse hervorbringen.

Zur Veranschaulichung kann das Beispiel der *Akzeptanz* der Öffentlichkeit dienen: Ein Bewältigen der Klimakrise kann nur mit Unterstützung der Öffentlichkeit gelingen. Sozialwissenschaftlich wird diese Akzeptanz gerade im Hinblick auf klimabedingte Transformationsprozesse mittlerweile ausführlich untersucht. Die Untersuchungen gehen dabei in unterschiedlichste Richtungen und befassen sich bspw. mit einer dogmatischen Herleitung und Begriffsbestimmung der Akzeptanz, mit Quantifizierungsversuchen, mit Faktorenanalysen und vielem mehr. Man erhofft sich, Aussagen darüber treffen zu können, wie auch unliebsame, aber notwendige Energiewendemaßnahmen (Kohleausstieg, Stromtrassen etc.) von der Öffentlichkeit zumindest akzeptiert werden und keine lähmenden Widerstände zur Folge haben. Demgegenüber wird die verfassungsrechtliche Seite der Akzeptanz weiterhin nur vereinzelt untersucht, was maßgeblich an ihrer Unbestimmtheit liegt, die sich juristisch nur schwer übersetzen lässt (Zeccola, DÖV 2019, S. 100). Dass die Akzeptanz staatsrechtlich eine Grundbedingung für demokratische Entscheidungen darstellt, weil die Mehrheitsentscheidung die Akzeptanz durch die unterlegene Minderheit voraussetzt, genügt vielen Juristen nicht, um ihr eine eigene Funktion im Rahmen des Demokratieprinzips zuzugestehen. Dieser vordergründig dogmatisch anmutende Streit um die Akzeptanz führt in der Praxis zu konkreten Problemen. So sendet solch ein uneinheitlicher Umgang mit der Akzeptanz der Öffentlichkeit höchst widersprüchliche Signale. Es werden (sozialwissenschaftlich unterlegt und begleitet) ausführliche Beteiligungsformate empfohlen und durchgeführt – die Öffentlichkeit fühlt sich mitgenommen, der Gesetzgeber propagiert die Akzeptanz in manchen Gesetzestexten sogar als Ziel, so etwa jüngst im Gesetz zur Suche und Auswahl eines Standortes für die Endlagerung hochradioaktiver Abfälle (StandAG). In juristischen Verwaltungs- und Rechtsschutzverfahren hingegen, bei denen es um die Gewährleistung und Überprüfung der Rechtmäßigkeit der behördlichen Entscheidungen geht, wird der Öffentlichkeitsbeteiligung nur eine dienende Funktion zugesprochen. Dass politische Entscheidungen auch akzeptiert werden können müssen, wird nicht anerkannt, und mangelnde Akzeptanz hat dementsprechend (vereinfacht ausgedrückt) keinerlei rechtliche Konsequenz. Zur Verdeutlichung kann der Bau einer Windkraftanlage dienen. Die Gemeinde und der Vorhabenträger versuchen, die Öffentlichkeit im Rahmen von informellen Beteiligungsformaten einzubeziehen. Regelmäßig werden dennoch nicht alle Beteiligten mit dem Verfahren und dem Ergebnis zufrieden sein, möglicherweise wurde die Öffentlichkeit sogar fehlerhaft oder gar nicht eingebunden. Ein Bürger, der diese Öffentlichkeitsbeteiligung juristisch einfordert, wird allerdings erfahren, dass Beteiligungsfehler nur in den wenigsten Fällen relevant sind – das Ergebnis des gesamten Verfahrens wird dadurch nur selten erschüttert. Eine solche Ambivalenz der hoheitlichen Gewalten ist schwer vermittelbar, führt zu Unverständnis und Frustration bei der Öffentlichkeit und wirkt sich vor allem auf verfassungsrechtlich angelegte Grundsätze des Verhältnisses zwischen Staatsleitung und Volk aus.

An diesem Beispiel wird deutlich, wie komplex die Herausforderungen sein können: Die Klimakrise stellt den demokratischen Konsens und das Verfassungsrecht bereits bei diesem vermeintlich »kleinen« Problem auf eine harte Probe. Da aber diese Widersprüchlichkeiten nicht einmal klar benannt werden, fehlt es an einheitlichen Lösungsansätzen.

Demokratische Entscheidungsebene

Die erste verfassungsrechtliche Herausforderung liegt auf der Entscheidungsebene. Sie ist das zentrale demokratische Grundelement, denn hier werden unterschiedliche Meinungen einem mehrheitsfähigen Ausgleich zugeführt. Auf der ersten Stufe dieser Entscheidungsebene steht der Prozess der Entscheidungsfindung, bei dem die handelnden Akteure der Staatsleitung bedingt durch einen initiativen Impuls, eine Entscheidung vorbereiten. Der Impuls ergibt sich dabei regelmäßig aus der Notwendigkeit, auf eine Sachlage zu reagieren, die von externen und nicht selten sogar mehreren Einflüssen hervorgerufen wird. Die Formen und der Grad dieses Impulses können zwar erheblich variieren und von Akteuren aus unterschiedlichsten Bereichen ausgehen – bspw. aus der Wissenschaft, gesellschaftlichen oder wirtschaftlichen Interessenverbänden, zivilgesellschaftlichen Gruppierungen etc. Auch der Wahlakt oder die Abstimmung können diesen externen Impuls ausdrücken. Im Falle der Klimakrise kam dieser Impuls zunächst früh von Seiten der Wissenschaft und wurde über die Jahre durch die Öffentlichkeit aufgegriffen. Die weltweiten Demonstrationen junger Menschen verstärkten diesen zusätzlich und wirken hierdurch auf die Entscheidungsfindung der Staatsleitung ein.

Den Kern des komplexen und vielschichtigen Entscheidungsprozesses bildet im Anschluss an die Initiativphase eine Abwägung, bei der die Staatsleitung versucht, unterschiedlichste Interessen in Einklang zu bringen. Am Ende dieses Prozesses wird eine Entscheidung getroffen, die regelmäßig entweder der Mehrheitsmeinung entspricht oder aber einen Kompromiss zwischen Mehrheits- und Minderheitspositionen darstellt. Das ist im Spektrum des demokratischen Mehrheitsprinzips ausdrücklich möglich – die Minderheit hat das Ergebnis bzw. den Kompromiss dann zu akzeptieren. Auch dieser Teil der Entscheidungsfindung unterliegt natürlich unterschiedlichsten Einflüssen – etwa durch Lobbying, »Druck der Straße« etc.

Dieser vereinfacht dargestellte Entscheidungsprozess kann am Ende zu einem formalen Entscheidungsakt führen, dessen Bedeutung im gesamten Entscheidungsprozess jedoch nicht überschätzt werden darf. Dass der Entscheidungsfindungsprozess Zeit benötigt, ist offensichtlich. Das ist – ausgenommen von zu treffenden Ad-hoc-Entscheidungen (wie bspw. in der Situation des Notstandes, siehe Corona-Pandemie) – auch sinnvoll, da bereits der öffentlich geführte Diskurs um Lösungen und Abwägungen ein wesentlicher Baustein der Demokratie ist. Dieser erfüllt mehrere wesentliche Funktionen der Demokratie. So sorgt er für Transparenz und Informationen über unterschiedliche Standpunkte, anhand derer sich Bürger*innen Meinungen bilden und weiterentwickeln können. Aber auch das gegenseitige Verständnis unterschiedlichster Positionen wird geschult. Letztlich wird auch die Akzeptanzbereitschaft der unterlegenen Minderheit gefördert, da sich auch diese Belange im Prozess wiederfinden.

Werden diese Überlegungen auf die Klimakrise übertragen, so offenbaren sich bereits auf dieser ersten Ebene zahlreiche Herausforderungen. Zunächst stößt die zeitliche Komponente dieses Meinungsbildungs- und Entscheidungsprozesses an seine Grenzen. Da der Klimaschutz lange Zeit als nicht dringlich (genug) eingestuft wurde (bzw. immer noch wird), kam keinerlei Eile hinsichtlich des Entscheidungsfindungsprozesses auf, zumal das Spektrum der Lösungen mehrheitlich unliebsame Maßnahmen umfasst (dazu später noch auf der Repräsentationsebene). Weil sich diese Dringlichkeit nun erlebbar manifestiert (gegenwärtig bspw. in Gestalt von Waldbränden und Überschwemmungen), müssen schnelle Entscheidungen getroffen werden. Da diese Entscheidungen aber massiv in die Lebenswelt der Menschen eingreifen, um nachhaltig und effektiv ein Entgegensteuern einzuleiten, müssten dem auch ein entsprechender Meinungsbildungsprozess in der Bevölkerung und ein Entscheidungsprozess der Staatsleitung vorgeschaltet sein. Dieser – aus demokratietheoretischer Sicht – notwendigen Ausführlichkeit steht jedoch mittlerweile die faktische Dringlichkeit entgegen, sodass der demokratische Diskurs belastet wird. Polemisch könnte man formulieren, dass die demokratische Entscheidungsfindung für die Bewältigung der Klimakrise zu behäbig ist – doch gerade diese

»Behäbigkeit« erfüllt einen demokratischen Zweck, indem sie dem Diskurs Raum und der Meinungsfindung Zeit zur Entfaltung lässt.

Daran schließt sich eine weitere Herausforderung an, welche die Entscheidung der Staatsleitung selbst betrifft: Eine fundierte, abwägende Entscheidung setzt zwangsläufig das Verstehen und die Durchdringung der Sachfrage voraus. Die bereits angesprochene Komplexität der Klimakrise erfordert dabei eine Expertise, die politische Entscheider so nicht leisten können. Zwar ist externer Sachverstand für die hoheitlichen Gewalten verfassungsrechtlich sogar notwendig, da staatliche Entscheidungen eben unter Berücksichtigung aller Belange getroffen werden sollen. Doch das Ausmaß des in Bezug auf die Klimakrise nötigen Sachverstandes erreicht eine Komplexität, die selbst den Kern der staatlichen Entscheidung »verwissenschaftlicht«. Das führt im verfassungsrechtlichen Demokratieprinzip nach Art. 20 Abs. 1 und 2 GG zu zwei Herausforderungen: zum einen wird die Wissenschaft Teil des politischen Diskurses und zum anderen sucht die Politik nach objektiv »richtigen« Lösungen für die Klimakrise.

Wissenschaft muss wertungsfrei Zusammenhänge darlegen – Tatsachen bilden ihre fundamentale Grundlage und Berechtigung. Für den demokratischen Diskurs jedoch sind Wertungen unabdingbar, da widerstreitende Belange sonst nicht in Einklang gebracht werden können. Wenn nun aber politische Akteure nur noch wissenschaftlich argumentieren und die Wissenschaft den Weg in den politischen Diskurs sucht, wird das Verhältnis von Wertung und Tatsache belastet. Nach dem pragmatisch dezisionistischen Modell Habermas' sollen sich dem Sachzwang unterliegende Politiker*innen dem zur Objektivität verpflichteten Expert*innen in kritischem Wechselverständnis gegenüberstehen (Habermas, 2017, S. 120). Durch sich auflösende Rollengrenzen wird diese notwendige Wechselwirkung geschwächt und belastet zugleich die demokratische Meinungsbildung.

Ein weiterer Punkt betrifft den (in der Klimapolitik immer stärker vernehmbaren) Gedanken, dass demokratische Entscheidungen dem Narrativ der Richtigkeit unterworfen werden könnten oder müssten.

Doch das Grundgesetz kennt gerade keinen Vorbehalt der Richtigkeit für demokratische Entscheidungen; diese unterliegen allein dem Mehrheitsprinzip. Solche Mehrheitsentscheidungen herbeizuführen bedarf häufig einer großen Kraftanstrengung, da umfassend informiert und aufgeklärt werden muss. Auch darf das Ergebnis dabei keinesfalls zu Beginn feststehen, da der Meinungsbildungsprozess sonst gerade nicht offen stattfinden und sich der Souverän nicht in den Entscheidungen wiederfinden kann. Diese einfache Erkenntnis ist schwer zu akzeptieren, wenn man sich die massiven Auswirkungen der Klimakrise vor Augen führt. Energische Maßnahmen gegen den Klimawandel sind »alternativlos« und verengen die Entscheidung des »Ob« eben doch auf eine objektive Richtigkeit. Zwar entzieht auch das Grundgesetz nach Art. 79 Abs. 3 GG fundamentale Verfassungsgüter (bspw. Menschenwürde, wesentliche Grundlagen des Demokratieprinzips) dem Mehrheitsentscheid. Doch dass die Klimakrise diese überragende Wichtigkeit erlangt hat, wird von der Jurisprudenz noch nicht anerkannt. Im Hinblick auf die Auswirkungen auf unsere natürliche Lebensgrundlage ist diese Einschätzung kritisch zu hinterfragen.

So ergibt sich das verfassungsrechtliche Dilemma, dass der Umgang mit der Klimakrise dem demokratischen Entscheidungsprozess unterworfen ist und alle Maßnahmen weiterhin dem Mehrheitsprinzip unterliegen, der demokratische Prozess dieser Krise jedoch kaum gewachsen scheint. Doch selbst das Bundesverfassungsgericht macht deutlich, dass – auch wenn die Meinungsbildung nicht unter dem Vorbehalt der Richtigkeit steht – der politische Entscheidungsprozess auf eine rationale Entscheidungsfindung ausgerichtet ist (BVerfGE 105, 252 (269)). Dies setzt natürlich die Mündigkeit und Bereitschaft des Souveräns voraus, sich dem Thema zu stellen und verantwortungsvoll zu entscheiden. Die Verantwortung der Informations- und Aufklärungsmöglichkeiten obliegt dabei wiederum der Staatsleitung, was gerade bei der Klimakrise besonders schwer ist. Es setzt eine massive Kraftanstrengung voraus aufzuklären, zu informieren und für Mehrheiten zu werben. Der politische Wille, auch unliebsame Maßnahmen umzusetzen, ist jedoch nicht sonderlich ausgeprägt.

Gepaart mit der Komplexität der Sachentscheidung geraten diese Prinzipien massiv ins Wanken und Entscheidungen entfernen sich von der »idealistischen« Vorstellung einer rationalen Entscheidung.

Repräsentationsebene

Die Repräsentationsebene zielt auf das Verhältnis zwischen Repräsentanten und Repräsentierten und betrifft die Frage, ob und wie sich die öffentliche Meinung auf die Repräsentanten auswirkt. Dieses Verhältnis ist naturgemäß besonders schwer nachzuvollziehen, da es sich fast ausschließlich im Informellen abspielt. Der formale Rahmen ist weit und im Grundgesetz maßgeblich in Art. 38 Abs. 1 und Art. 20 Abs. 2 S. 2 GG angelegt. Art. 38 Abs. 1 GG beinhaltet die Aufgabe des Parlamentes, in Gestalt der einzelnen Abgeordneten das Volk zu vertreten. Denn nach Art. 20 Abs. 2 GG geht »alle Staatsgewalt vom Volke aus«, die »durch besondere Organe der Gesetzgebung, der vollziehenden Gewalt und der Rechtsprechung ausgeübt« wird. Verfassungsrechtliche Vertretung und Repräsentation werden hierbei synonym verwendet. Demnach ergibt sich die zuerst von Ernst-Wolfgang Böckenförde herausgearbeitet Unterscheidung zwischen formaler und inhaltlicher Repräsentation (Böckenförde 1987, Rn. 45). Die Abgeordneten werden formal durch die Wahl vom Volk legitimiert und sind in der Ausübung ihres Mandates frei (Art. 38 Abs. 1 S. 2 GG). Sie sind also keinen Aufträgen oder Weisungen, sondern nur ihrem Gewissen unterworfen. Da die Abgeordneten aber im Namen des Volkes tätig werden und vom Volk nach Art. 20 Abs. 2 GG legitimiert sind, sind Willenskollisionen zwischen Volk und Parlament, bei welchen der Wille des Volkes nicht mehr mit der Willensäußerung des Parlamentes übereinstimmt, zu vermeiden. Da der formale Wille allerdings nur periodisch durch Wahlen abgefragt werden kann, muss zudem ein ständiger Willensbildungs- und Willensabstimmungsprozess auf inhaltlicher Ebene stattfinden. Dafür notwendig ist eine permanente Rückkopplung vom Parlament zum Volk, welche durch die oben bereits genannten Dialogmöglichkeiten gewährleistet werden kann. Oftmals wird dabei auch von Responsivität gesprochen. Dieser Ansatz erscheint auf den ersten Blick (zu) idealistisch und wenig praktikabel, da der Repräsentant sicher nicht jede Entscheidung aktiv rückkoppelt. Die Rückkopplung darf aber nicht nur auf eine aktiv-direkte Kommunikation reduziert werden, vielmehr findet sie sich auch in vielen mittelbar angelegten Formaten wieder. So ist bspw. die Partei und die Fraktion eine substanzielle Hilfe bei einer systematischen und gezielten Meinungsübermittlung vom Souverän an den Repräsentanten. Auch Umfragen, organisierte zivilgesellschaftliche Akteure und Medien liefern den Abgeordneten wichtige Impulse. Im Zusammenspiel mit den parteipolitischen Positionen kann der Repräsentant eine eigene Entscheidung unter Berücksichtigung des Volkswillens treffen. Eine gewisse Absicherung zur Berücksichtigung dieses Volkswillens ergibt sich letztlich aus dem Umstand der Wahlentscheidung, also der Wählerstimmen, die sich der Repräsentant sichern möchte – eine rein altruistisch angelegte Berücksichtigung wäre dann doch eine zu naive Annahme.

Überträgt man nun den Ansatz der Rückkopplung auf den Bereich der Klimakrise, ergeben sich mehrere Herausforderungen:

So ist zunächst durch die Unschärfe der Rückkopplung eine Vereinnahmung des Volkswillens durch Minderheiten möglich, die der Repräsentant nicht als solche zu erkennen vermag. Gerade bei einschneidenden Maßnahmen im Rahmen der Klimakrise stehen sich emotionalisierte Positionen gegenüber, die das Potential einer gesellschaftlichen Spaltung in sich tragen. Gut organisierte Minderheiten bestimmen den öffentlichen Diskurs und konterkarieren damit gleichzeitig auch die Rückkopplung zum Repräsentanten. Überspitzt könnte man formulieren, dass die Rückkopplung laute Stimmen begünstigt, während leise Stimmen überhört werden – sie bildet Mehrheitsverhältnisse also nicht immer eindeutig ab.

Eine weitere Anfälligkeit des demokratischen Systems ergibt sich aus einer »Entkopplung«, die im Verhältnis Souverän und Repräsentant zu beobachten ist. Sie betrifft im Kern das Autoritätsverhältnis, das die Repräsentation zwingend voraussetzt. Denn leiden hoheitliche Gewalten an einem Autoritätsverlust, so schwindet auch die Bereitschaft des Souveräns sich mit seinen Anliegen an diese Gewalten zu wenden. Das Volk fühlt sich nicht mehr angemessen vertreten, das Vertrauen schwindet und die Folge ist eine Entkopplung. Auch in der Klimakrise sind diese Tendenzen vor allem bei jüngeren Menschen zu beobachten. Offen wird angezweifelt, dass die etablierten Parteien und Repräsentanten die klimapolitischen Probleme zu lösen vermögen – die Folge ist ein Abwenden von den hoheitlichen Gewalten, die ihrerseits kein oder erst verspätet Interesse an einer Rückkopplung signalisieren und die Fähigkeit zur Rückkopplung sogar verlieren können.

Letztlich spielen die Parteien eine wesentliche Rolle bei der Rückkopplung zwischen Volk und Staatsleitung – doch scheinen auch die politischen Parteien an Rückkopplungs- oder Responsivitätskompetenz eingebüßt zu haben. Eine der maßgeblichen Aufgaben von Parteien ergibt sich aus Art. 21 Abs. 1 S. 1 GG und besteht in der Mitwirkung an der politischen Meinungsbildung des Volkes. Parteien garantieren unabhängig vom Wahlakt ein Wechselspiel zwischen Volk und Staatsleitung, was sie durch Stellungnahmen, Parteiprogramme etc. sicherstellen, um so die gesellschaftliche Diskussion anzuregen, aufzugreifen und zu beeinflussen. Empfindet nun aber der Souverän, dass die Parteien wichtige Themen ignorieren, z. B. in Bezug auf Klimamaßnahmen, so entziehen sich die Parteien hierbei der politischen Willensbildung und verhindern damit gleichzeitig die Rückkopplung zum Souverän. Die Folgen sind gegenwärtig zu beobachten: Die etablierten Parteien verzeichnen einen Mitgliederschwund und Bürger*innen engagieren sich stattdessen in projektbezogenen Gruppierungen und Initiativen. Damit wird zugleich die Integrationsfunktion politischer Parteien geschwächt und die Anfälligkeit für populistische Parteien erhöht, da diese vermeintlich einfache Lösungen anbieten.

Legitimationsebene

Die nächste Herausforderung ergibt sich im Legitimationsverhältnis, das in Art. 20 Abs. 2 GG angelegt ist. Hierin wird gewährleistet, dass staatliches Handeln auf den Souverän zurückgeführt werden können muss. Denn alle staatliche Gewalt geht vom Volke aus – jegliches staatliche Handeln muss demnach in einem Legitimationszusammenhang stehen, der durch einen effektiven Einfluss des Volkes auf die Ausübung hoheitlicher Gewalt gewährleistet wird. Da gerade Legitimation in einer repräsentativen Demokratie aber ein äußerst unbestimmter Begriff ist, wurden und werden diverse Konkretisierungen durch das Bundesverfassungsgericht vorgenommen. Denn eine direkte Legitimation ist nur in Wahlen und Abstimmungen vorgesehen. Dagegen ist die große Mehrheit staatlichen Handelns nur durch eine mittelbare Legitimation abgesichert, bei der ein effektiver Einfluss bestehen muss. Zur Bestimmung dieses *effektiven Einflusses* wurde die Legitimation im Modell des Bundesverfassungsgerichtes in verschiedene Säulen aufgeteilt, die Rückschlüsse auf ein hinreichendes Legitimationsniveau zulassen (Böckenförde 1987). Legitimation ruht demnach auf drei Säulen: einer personellen, einer sachlich-inhaltlichen und einer funktionell-institutionellen:

Die *personelle* Legitimation bezieht sich auf die die Staatsgewalt ausübende Person, die ihre Befugnis auf das Volk zurückführen können muss. Auch hier ist (außer bei einer direkten Wahl) die mittelbare Form dominierend, bei der über eine sog. ununterbrochene Legitimationskette die Befugnis auf das Volk rückführbar sein muss. Bei der *sachlich-inhaltlichen* Legitimation wird die inhaltliche Ausübung der Staatsgewalt mit dem Souverän verknüpft, was durch die Gesetzgebungskompetenz und die Kontrollbefugnis des unmittelbar legitimierten Parlamentes über die Exekutive erfolgt. Die letzte Säule ist *funktionell-institutionell* und wird aus dem Umstand abgeleitet, dass in der Verfassung auch die Exekutive und die Judikative mit eigenen Rechten ausgestattet sind und im Rahmen der Gewaltenteilung einer eigenen Legitimation bedürfen. Natürlich können und dürfen die Legitimationsketten durchaus lang sein, da sonst regelmäßig die Legitimation von Behördenentscheidungen infrage stehen würde. Um die Legitimation aber andererseits nicht gänzlich auszuhöhlen, werden wichtige gesellschaftliche Entscheidungen über das sog. Legitimationsniveau abgesichert. Je wesentlicher eine Entscheidung für die Gesellschaft ist, desto höher muss das Legitimationsniveau sei, d.h. desto unmittelbarer muss die Legitimation an das Parlament geknüpft sein. Dieses (juristische) Legitimationsmodell ist demnach ein normativ input-geprägtes Legitimationsmodell, dass die demokratische Legitimation durch Art. 20 Abs. 2 GG immer auf das Parlament zurückführt.

Vergegenwärtigt man sich nun die Besonderheiten dieses Legitimationsverhältnisses im Bereich der Klimapolitik, so tauchen durchaus Fragen bezüglich mancher staatlichen Maßnahme auf. Nicht selten reibt man sich die Augen bei Entscheidungen der Staatsleitung, die nach außen wirksam in gemeinsamen »Autogipfeln«, Expertenkommissionen oder in Räten (bspw. der Sachverständigenrat für Umweltfragen) vorbereitet und teilweise sogar getroffen werden. Die Bundesregierung geriert sich hierbei als die wichtigste und treibende Kraft der Problemlösung – das Parlament hingegen übernimmt nicht selten (zumindest in der Außenwahrnehmung) die Komparsenrolle. Häufig stehen solche Entscheidungsprozesse mit dem beschriebenen Legitimationsmodell in einem Spannungsverhältnis. Interessanterweise verstärken sich Tendenzen der »Legitimationslockerung« bei komplexer werdenden Problemen – die Staatsleitung traut dem Volk bei der Suche nach rationalen Lösungen nicht immer die nötige Kompetenz zu und parlamentarische Debatten finden kaum Beachtung. Gerade die Klimakrise mit den beschriebenen hochkomplexen Auswirkungen bildet hierbei keine Ausnahme. Aufgrund der gesamtgesellschaftlichen Wichtigkeit – mithin also der Erforderlichkeit eines hohen Legitimationsniveaus – klimapolitischer Maßnahmen müsste zur Absicherung des effektiven Einflusses der Volkssouveränität eigentlich das Parlament eine starke Rolle einnehmen. Doch stattdessen sorgt die Komplexität der Fragen vielmehr für eine Verlagerung der Entscheidungen auf Expert*innen im Zusammenspiel mit der Regierung. Sozialwissenschaftlich wird in diesem Fall häufig wertneutral die Expertokratie erwähnt, dass also Entscheidungen von Expert*innen getroffen werden. Sie wird als echte Alternative oder Ergänzung diskutiert, obwohl das nach dem normativen Legitimationsmodell des Grundgesetzes – wie gesehen – ausgeschlossen ist. Der Impuls, Fachwissen in den politischen Entscheidungsprozess zu integrieren, ist nachvollziehbar, da demokratische Volksentscheidungen selten auf rein rationalen Erwägungen beruhen und es in Anbetracht der Dringlichkeit schwer fällt, dies zu akzeptieren. Doch wie bereits erwähnt, sieht das die Demokratie nach Art. 20 Abs. 2 GG gerade nicht vor. Grundlegende staatliche Entscheidungen – vor allem im Bereich der Klimapolitik – dürfen deshalb nicht externalisiert werden, sondern bedürfen der Legitimation des Volkes, was nur über die unmittelbare Einbindung des Parlamentes abgesichert werden kann. Doch statt das Parlament zu stärken, ist vielmehr dessen Schwächung zu beobachten.

Ein weiterer Legitimationsaspekt in Bezug auf die Klimakrise ergibt sich aus der globalen Herausforderung, die im nationalen Legitimationsverhältnis in dieser Form nicht angelegt ist. Nicht selten ist die Aussage zu hören, dass die Klimakrise nicht im nationalen Alleingang gelöst werden könne (was oftmals als Ausrede missbraucht wird, überhaupt nichts zu tun). Schwierigkeiten ergeben sich im globalen Kontext aber tatsächlich aus dem Legitimationsverhältnis, da gerade bei internationalen Verpflichtungen der effektive Einfluss des Souveräns oft schwer zu sichern ist. Zwar sieht das Grundgesetz die Absicherung dieser Legitimation ausdrücklich vor, doch in der Praxis wirken internationale Abkommen stark vorprägend, da diese auch in der Außenkommunikation als verpflichtend dargestellt werden. Auch wenn die Legitimation letztlich national abgesichert ist, da die Staatsleitung mit einem Verhandlungsmandat legitimiert ist, entsteht beim Souverän doch der Eindruck, dass der eigene Einfluss auf dieser Ebene nicht ausreicht. Statt sich als Teil der Weltgesellschaft zu begreifen, um globale klimapolitische Probleme gemeinsam und grenzübergreifend zu lösen, ziehen sich Regierungen in nationale Alleingänge zurück und wenden sich gegen alles Internationale. Das verheerendste Beispiel ist sicher der Rückzug der USA aus dem Pariser Klimaabkommen.

Die beschriebenen Herausforderungen auf der Legitimationsebene haben gleichzeitig unmittelbare Auswirkungen auf die Repräsentationsebene, da Legitimation und Repräsentation einander bedingen und aufeinander einwirken. Empfindet sich der Souverän nicht angemessen repräsentiert, so erkennt er auch in der Regel seinen Einfluss auf die Entscheidungen nicht mehr: Die Legitimation schwindet. Das gilt auch *vice versa*: Verschwimmt der legitimatorische Einfluss, so leidet die Repräsentation.

Umsetzungsebene

Der letzte Teil des demokratischen Entscheidungsprozesses knüpft an das Ergebnis der Entscheidung an. *Umsetzung* bedeutet den Vollzug von Entscheidungen der Staatsleitung. Die genaue Umsetzung staatlicher Maßnahmen im Bereich der Klimapolitik umfasst viele Rechtsbereiche – besonders umstritten und bekannt sind bspw. die Endlagersuche für hochradioaktive Abfälle, die im Standortauswahlgesetz geregelt wurde, der Netzausbau, der sich in mehreren Gesetzen wiederfindet (EnWG, EEG etc.) oder auch der Ausstieg aus der Kohleenergie, der gerade gesetzlich vorbereitet wird. Daneben existieren unzählige weitere Vorschriften in den bereits bestehenden Gesetzen, die ebenfalls klimapolitische Regelungen enthalten (besonders prominent ist hier die Regelung des Bundesimmissionsschutzgesetzes, auf der die »Diesel-Fahrverbote« beruhen). Vorliegend soll es aber nicht um die konkreten Feinheiten dieser Vorschriften gehen, vielmehr sollen die Herausforderungen aufgezeigt werden, die sich zwar in diesen Verfahren äußern, aber im Kern verfassungsrechtliche Ursprünge haben.

Zur Veranschaulichung kann der Protest gegen Windräder oder geplante Stromtrassen dienen. Neben den öffentlichen Protesten äußert sich der Widerstand der Öffentlichkeit häufig in Verwaltungsverfahren und Gerichtsprozessen, die auf der lokalen Ebene die Besonderheiten des jeweiligen Vorhabens behandeln. Hier geht es bspw. um Fragen baurechtlicher Abstandsregelungen, artenschutzrechtlicher oder immissionsschutzrechtlicher Genehmigungen. Die Kernfrage, warum staatliche Entscheidungen gerade im Bereich des Klimawandels auf regionaler Ebene diesen besonderen Widerstand hervorrufen, wird jedoch nicht diskutiert und beantwortet. Derartige Widerstände bei der Umsetzung staatlicher Maßnahmen sind noch nicht allzu lange zu beobachten und betreffen insbesondere die lokale Ebene (die grundlegende Ausrichtung der Klimapolitik findet mehrheitlich Zustimmung). Und auch wenn gerade Jurist*innen dieses Phänomen anfänglich für unbeachtlich hielten, mussten sie sich in der Folge aufgrund der Nachhaltigkeit des Widerstandes dem Thema stellen. Es drückt sich nämlich ein geändertes Verhältnis der Öffentlichkeit zur Verwaltung aus – staatliche Entscheidungen werden mit unterschiedlichsten Begründungen angezweifelt und nicht mehr hingenommen. So wird die Objektivität der Verwaltung bezweifelt, die Sinnhaftigkeit der Maßnahme bestritten oder auch der Inhalt mancher Maßnahmen offen kritisiert. Das Autoritätsverhältnis zwischen Bürger*innen und Staat ist belastet. Autorität meint hierbei keinesfalls die Durchsetzung staatlicher Maßnahme mithilfe von Gewalt, was durch den Begriff der »autoritären Staaten« oftmals negativ konnotiert ist. Die Autorität zielt in einer Demokratie vielmehr auf den Respekt oder die Anerkennung des Souveräns ab, der beinhaltet, der Staatsgewalt die Sicherung und Durchsetzung der verfassungsrechtlichen Grundsätze zu überlassen. So ist die im Grundgesetz vorgesehene »Staatsgewalt« notwendige Grundlage staatlichen Handelns. Durch die Bindung der Staatsgewalt an die Legitimation des Souveräns, an Recht und Gesetz und die sich gegenseitig kontrollierenden Gewalten wird diese Autorität der Staatsgewalt begrenzt – ihr Auftrag bleibt hingegen die effektive Sicherung der im Grundgesetz verankerten unumstößlichen Rechte, welche sowohl der Gemeinschaft als auch der individuellen Freiheit dient. Schwindet nun diese Autorität, so verliert die Staatsgewalt gleichzeitig an Legitimation, sodass die effektive Durchsetzung verfassungsrechtlicher Grundsätze gefährdet ist.

Gerade im Bereich der Klimapolitik ist oft zu beobachten, dass sich die Staatsgewalt ambivalent verhält, was das Vertrauen des Volks zusätzlich beschädigt. So stehen intergouvernementale Konflikte zwischen Umweltministerium und Wirtschafts- bzw. Verkehrsministerium auf der Tagesordnung. Hier geht es bspw. um die Konzeption der Verkehrswende oder um das (vermeintliche) Gegeneinander von Klimaschutz und Arbeitsplätzen. Diese Konflikte sind zwar nicht neu, doch durch die Aufwertung umweltrechtlicher Belange im Zuge der Klimakrise ist das Gewicht des Umweltministeriums gestiegen, weshalb diese Konflikte nunmehr im Fokus der öffentlichen Debatten stehen. Aber auch zwischen den Gewalten spitzen sich Konflikte zu. Dadurch werden Fragen aufgeworfen, die bisher in der Geschichte der Bundesrepublik so noch nicht diskutiert wurden. Ein unrühmliches Beispiel sind die sog. Diesel-Fahrverbote, welche der Einhaltung immissionsschutzrechtlicher Luftreinhaltevorgaben dienen sollen. Der Streit zwischen Exekutive und Judikative eskalierte hier derart, dass sogar justizielle Zwangsmaßnahmen für Landesregierungen ausgesprochen und eine Zwangshaft des bayerischen Ministerpräsidenten diskutiert wurden. Auch wenn diese Konflikte einerseits das Funktionieren des Gewaltenteilungsprinzips beweisen, signalisieren sie andererseits eine Ambivalenz, welche die Öffentlichkeit leicht als Autoritätsverlust interpretieren kann. Spätestens bei offener Missachtung der Rechtsprechung seitens der Exekutive fragt sich auch die Öffentlichkeit, ob eine Missachtung staatlicher Maßnahmen eine reale Option sein könnte.

Ein weiterer wichtiger Aspekt, der sich in diesen Widerständen äußert, ist eine unnachgiebige Haltung gegenüber den Meinungen anderer, auch wenn die eigene Meinung nur von wenigen geteilt wird. Die Akzeptanz der Mehrheitsentscheidung durch die Minderheit scheint zunehmend zu schwinden, wodurch das Herz des demokratischen Grundkonsenses getroffen wird. Die Folge sind verhärtete Fronten, bei denen nicht konstruktive Lösungen, sondern nur die egoistische Sicherung der eigenen Position im Vordergrund steht. Ein utilitaristischer gemeinnütziger Ansatz ist das erste Opfer einer solchen Agenda. Dieses gesellschaftliche Klima bildet den perfekten Nährboden für populistische Parteien, die dieses Prinzip als Maxime ausrufen. Sie gerieren sich als einzig »wahre Volksversteher«, obwohl sie letztlich nur die Frustrierten ansprechen und sich zutiefst antidemokratisch verhalten, indem sie diesen Egoismus fördern und die Gemeinnützigkeit torpedieren. Gerade weil die Klimapolitik viele persönliche Einschränkungen beinhalten muss und in die Lebenswelt der Menschen unmittelbar eingreift, ist dieser Bereich besonders anfällig für populistische Parolen.

Mögliche Lösungspfade

Es ist nun keinesfalls so, dass diese Herausforderungen der Staatsleitung gänzlich unbekannt sind oder in der Wissenschaft nicht bereits diskutiert wurden. Sie treten bei den Lösungspfaden der Staatsleitung im Bereich der Klimapolitik allerdings in den Hintergrund. Ohnehin nehmen verfassungsrechtliche Fragestellungen im alltäglichen Politikbetrieb keine exponierte Rolle ein, da sie einen Abstraktionsgrad aufweisen, der bei einer konkreten Problemlösung wenig hilfreich erscheint. Das kann man der Staatsleitung per se nicht vorwerfen, da der zurückhaltende Charakter des Grundgesetzes eigentlich den reibungslosen Politikbetrieb gewährleistet und dogmatische Diskussionen wiederum aufgrund des fehlenden Detailwissens schon gar nicht möglich sind. Doch einige Lösungspfade verstärken die aufgezeigten verfassungsrechtlichen Herausforderungen, da sie mit diesen kollidieren. Ein Gespür für ein diffuses Abnehmen demokratischer Selbstverständlichkeiten hat die Staatsleitung durchaus und versucht deshalb, diesem Demokratiedefizit auf unterschiedlichste Weise zu begegnen. Die Stärkung der Partizipation des Volkes bei staatlichen Entscheidungen ist sicher einer der prominentesten Versuche, diese Defizite auszugleichen. Von Externen eingeholte detaillierte Kenntnisse sollen gerade im Bereich der Klimapolitik die Objektivität und Rationalität der staatlichen Entscheidungen erhöhen. Letztlich sollen Entscheidungen im Bereich des Klimas zeitlich beschleunigt werden. Auch wenn sich das in dieser Einfachheit zunächst bestechend effektiv anhört, so wird bei genauerem Betrachten deutlich, dass bereits diese Lösungspfade nicht miteinander vereinbar sind. Die verstärkte Einbindung der Öffentlichkeit geht bspw. immer mit einem gewissen zeitlichen

Aufwand einher, da der koordinierte und kooperative Meinungsbildungsprozess Zeit benötigt. Diametral gegenüber steht eine Beschleunigung der Verfahren, die – uninspiriert und simpel – meist die Zeitersparnis durch die Beschneidung der Partizipationsmöglichkeiten sucht. Zu den kritischen Wechselwirkungen der Lösungspfade untereinander treten die Überschneidungen mit den oben beschriebenen staatsrechtlichen Maßstäben. Dies soll anhand dreier besonders wichtiger Pfade im Bereich der Klimapolitik dargelegt werden.

Stärkung der Partizipation

Sicherlich der prominenteste Lösungspfad ist die Einbindung der Öffentlichkeit in den staatlichen Entscheidungsprozess. Diese Partizipation ist vor allem seit den Protesten gegen Stuttgart 21 in den Fokus der Politik, aber auch der Wissenschaft gerückt. Gerade im Bereich der erneuerbaren Energien, wenn es also bspw. um den Bau von Windkraftanlagen oder den Netzausbau geht, scheint der Widerstand der Öffentlichkeit mittlerweile sogar zum guten Ton zu gehören. Diesen Widerständen soll mit Teilhabe und Einbindung der Öffentlichkeit in die Entscheidungsprozesse begegnet werden. Besonders ausführlich befassen sich deshalb die Sozialwissenschaften aus unterschiedlichster Perspektive mit diesem Thema. Aber auch viele andere wissenschaftliche Disziplinen, wie bspw. die Planungswissenschaften, die Umweltwissenschaften, die Psychologie u. v. m., haben das Thema aufgegriffen. Selbst die Rechtswissenschaften haben sich – nach anfänglicher Zurückhaltung – dem Thema zugewandt. Doch bereits an dieser Stelle muss eines klargestellt werden: Unter Partizipation versteht man nicht nur die direkte Demokratie, also die unmittelbare Abstimmung der Bevölkerung am Ende eines Entscheidungsprozesses, sondern auch bereits die Einbindung der Öffentlichkeit in den staatlichen Entscheidungsprozess selbst. Unmittelbare Beteiligungsformen stehen im Spannungsverhältnis zur repräsentativen Demokratie und sind im deutschen Rechtssystem nur ausnahmsweise vorgesehen.

Unabhängig von diesen theoretischen Fundierungen und Analysen ist Partizipation in der Praxis angekommen. Bedingt durch ein

Umdenken der staatlichen Gewalten wird der Beteiligung eine eigene Berechtigung eingeräumt und über professionalisierte Formate ist sie Teil vieler staatlicher Entscheidungen geworden. Konkret wird die Öffentlichkeit in Form von Bürgerdialogen eingebunden, Zufallsbürger*innen werden ausgewählt und in den Entscheidungsprozess einbezogen, Dialogverfahren begleiten große Infrastrukturvorhaben usw. Für die professionelle Durchführung dieser neuen Formen der Öffentlichkeitsbeteiligung haben sich zahlreiche private Anbieter gegründet, die den Behörden mit Sachverstand zur Seite stehen, und ein Masterstudiengang der Universität Stuttgart bildet sogar gezielt Partizipationsexpert*innen aus. Zudem stärkt mittlerweile der Gesetzgeber selbst neue Formen der Partizipation, indem er diese in bestimmten Verfahren gesetzlich fixiert. Die Suche nach einem Endlager für atomare Abfälle bspw. erfolgt nach Maßgabe des Standortauswahlgesetzes, das eine ausführliche Einbindung der Öffentlichkeit durch Zufallsbürger*innen, Fach- und Regionalkonferenzen und erweiterte Informationsrechte vorsieht und in dieser Form bisher einmalig ist.

Welche verfassungsrechtlichen Funktionen erfüllt eine »gute« Beteiligung? Eine Einbindung der Öffentlichkeit sorgt für eine erhöhte Akzeptanz und in der Folge auch für eine erhöhte Legitimation. Wird die Öffentlichkeit bereits in den staatlichen Entscheidungsprozess angemessen eingebunden, so gewinnt sie den (zutreffenden) Eindruck, dass sie einen Einfluss auf das Ergebnis nehmen kann, und ist auch bei abweichender Entscheidung eher bereit, das Ergebnis zu akzeptieren. Wichtig sind auch Transparenz und Informationen, die mit der Öffentlichkeitsbeteiligung einhergehen müssen. Staatliche Entscheider legen ihr Handeln und den Entscheidungsvorgang offen, was natürlich das Vertrauen stärkt und gleichzeitig der Kontrolle dient. Die Ausgleichsfunktion vermittelt der Öffentlichkeit, dass sie als mündiger Akteur auf einer Ebene mit den Behörden kommuniziert, was die Distanz zwischen Staat und Bürger*innen verringert. Der Vollständigkeit halber seien noch die Funktionen der Qualitätssicherung und des Rechtsschutzes erwähnt, bei denen zum einen die Teilhabe der Öffentlichkeit zu besseren Ergebnissen bei der Entscheidungsfindung führt und zum anderen langwierige Rechtsverfahren vermieden werden können.

Diese hehren theoretischen Überlegungen zur Partizipation können sicher zu einer wirklichen Stärkung der Demokratie führen, doch hinkt die Realität oftmals noch der Theorie hinterher. Das liegt an der konkreten Durchführung der Partizipation und sicher auch an vielen gesetzlichen Hindernissen, mit denen die Partizipation noch zu kämpfen hat. Zugleich werden in der Partizipationseuphorie aber auch Formen durchgeführt und diskutiert, welche die oben ausgeführten Herausforderungen zusätzlich belasten.

Am eklatantesten bleibt zunächst auf übergeordneter Ebene die Diskrepanz zwischen der informellen und der formellen Partizipation. Denn die weit überwiegenden Beteiligungsformate sind rein informell und freiwillig. Die formelle Beteiligung hingegen ist diejenige, die gesetzlich vorgesehen ist, und besteht in der Regel aus Anhörung, Erörterung und Stellungnahmen. Der entscheidende Unterschied besteht in der Verbindlichkeit, denn die informelle Beteiligung ist im Konfliktfall wenig wert, da die Öffentlichkeit sich in einem möglichen gerichtlichen Verfahren hierauf nicht berufen kann. Sie hängt vom guten Willen der staatlichen Institution ab. Dadurch entsteht gerade kein gleichwertiges Miteinander – es verbleibt ein Über- bzw. Unterordnungsverhältnis, das bei einer Missachtung der öffentlichen Meinung sogar Frustration bewirken kann und die Bürger*innen stärker von den staatlichen Akteuren entfernt. Zu einer gewichtigen formellen Beteiligung, die auch im Gesetz verankert ist, hat sich der Gesetzgeber bis heute nur in einzelnen Ausnahmefällen entschieden. Jedoch zwingen ihn mittlerweile sogar europarechtliche Regelungen zu einer verbindlicheren Einbindung der Öffentlichkeit und legen so offen, dass es um die ernstgemeinte Beteiligung doch noch nicht so gut bestellt ist. Insbesondere im Umweltbereich verpflichteten europäische Richtlinien den deutschen Gesetzgeber dazu, die Öffentlichkeitsbeteiligung aufzuwerten. Fehler in der Beteiligung können dann dazu führen, dass das gesamte Verfahren nochmals durchgeführt werden muss. Nur widerwillig werden die nationalen Regelungen an diese europäischen Vorgaben angepasst. In anderen Verfahren nimmt die Öffentlichkeitsbeteiligung – juristisch gesprochen – weiterhin nur eine »dienende Funktion« ein; Verfahrensfehler bedingen nur höchst ausnahmsweise ein neues Verfahren. Diese Diskrepanz zwischen der propagierten Partizipationsstärkung und der tatsächlichen Schwächung der Öffentlichkeitsbeteiligung bleibt auch dem informierten Bürger*innen nicht verborgen. Zu allem Überfluss sorgt diese Diskrepanz für weitere Vorbehalte: Denn die sich unnachgiebig gegenüberstehenden Meinungen erblicken in umwelt- und klimaschützenden Regelungen entweder die Privilegierung der »Öko-Diktatur«, bei der Umweltverbänden übermäßiger Einfluss zugebilligt wird, während andere dem Staat, der nur aufgrund übergeordneter Instanzen (EU) reagiert, aber nicht initiativ Probleme angeht, klimapolitisches Unvermögen attestieren. Dieser strukturelle Webfehler der Partizipation steht ihrer Effektivität weiterhin entgegen und es ist nicht erkennbar, dass die Staatsleitung diese Ambivalenz zwischen propagierter Einbindung und realer Verhinderung der Partizipation auflösen möchte.

Doch auch manche Formate, vor allem im Bereich der institutionalisierten Partizipation, werden in der Beteiligungspraxis oftmals zu wenig auf ihre verfassungsrechtliche Kompatibilität hin überprüft. Bereits angesprochen in diesem Zusammenhang sind die Zufallsbürger*innen, die nach bestimmten äußeren Merkmalen (Geschlecht, Alter etc.) ausgewählt werden und in die staatliche Entscheidung eingebunden werden. Als Vorbild dienten dabei die »Citizens' Assembleys« in Irland mit deren Vorläufer, der »Constitutional Convention«, bei der zufällig ausgewählte Bürger*innen gemeinsam mit Abgeordneten des Parlamentes zu verfassungsrelevanten Fragen (u. a. auch zum Klimawandel) Empfehlungen abgaben. Da diese sehr erfolgreich zur gesellschaftlichen Einheitlichkeit auch bei kontroversen Themen beitragen konnten, wurden sie auch in der Folge in Deutschland als Format auf unterschiedlichster Ebene aufgegriffen (z. B. sieht das Bundesumweltministerium die regelmäßige Einbindung von Zufallsbürger*innen vor; besonders engagiert ist Baden-Württemberg). In dieser Euphorie der Öffentlichkeitseinbindung sind verfassungsrechtliche Bedenken nicht willkommen und werden deshalb beiseite gewischt. Sie sind aber nicht unerheblich und so können vermeintliche demokratiefördernde Ansätze das Gegenteil bewirken, nämlich ein neues Spannungsverhältnis zu der gesetzlichen Grundlage des Grundgesetzes bedingen:

So wird bei den zufällig ausgewählten Bürgern*innen strikt auf äußere Repräsentationsmerkmale geachtet, die die oben dargestellte Repräsentationsebene so nicht kennt. Art. 38 GG liegt ein Repräsentationsverständnis zugrunde, dass auf einer Gesamtrepräsentation beruht. Der Repräsentant vertritt thematisch und nicht vordergründig nach seinen eigenen äußeren Merkmalen. Eine reine Fokussierung auf diese äußeren Merkmale des Repräsentanten würde nämlich bedeuten, dass Repräsentanten nur nach Gruppenzugehörigkeit Interessen vertreten können. Statt der freien Wahl müsste dann konsequenterweise ein rein paritätisches System eingeführt werden, welches das Grundgesetz aber nicht vorsieht. Auch wenn man sicher über paritätische Regelungen streiten kann, um auch bestehende Unterschiede bspw. bei der Geschlechterbenachteiligung auszugleichen, so sind diese in der geltenden Fassung des Grundgesetzes nicht vorgesehen.

Zudem ist die Legitimation nach Art. 20 Abs. 2 GG über das repräsentative System gesichert und kennt eine Auslagerung auf zufällig besetzte Bürgergremien nicht. Eine Entscheidungsbefugnis solcher Gremien widerspräche auch dem Grundsatz der gewählten Volksvertretung, die den Einfluss des Volkes auf den Staat sichert. Dieser eindeutige Umstand ist auch den Befürwortern von Zufallsbürger*innen bekannt, es wird aber eingewendet, dass die zufällig besetzten Gremien doch nur Empfehlungen abgeben – die Letztentscheidung verbleibt bei den dafür legitimierten Institutionen. Was allerdings unterschlagen wird, ist die faktische Verbindlichkeit der Empfehlung eines »Bürgergremiums«, bei der die Legitimation aus Art. 20 Abs. 2 GG auf einen rein formalen Akt verkürzt wird. Denn zu glauben, dass sich Abgeordnete über einen Konsens eines Bürgergremiums hinwegsetzen, bedarf großer Naivität. Das Bundesverfassungsgericht hat deshalb konkretisiert, dass Art. 20 Abs. 2 GG auch ein Teilhaberecht des Volkes an der demokratischen Legitimation sichert, welches zufällig ausgewählte Bürger*innen nicht erfüllen können. Je gewichtiger also Entscheidungen für die Gesellschaft sind, desto weniger können hierfür Zufallsbürger*innen eingesetzt werden. Ein »Verfassungskonvent« nach irischem Vorbild wäre mit dem Grundgesetz in dieser Form schlicht unvereinbar.

Externalisierung

Wie bereits angesprochen sind mögliche Lösungsansätze gegen die Klimakrise äußerst komplex und erfordern genaue Kenntnisse in vielen speziellen Wissenschaftsbereichen. Die sektorenübergreifende Transformation zur Durchführung einer Energiewende als wichtigster Baustein im Kampf gegen den Klimawandel ist nur im Zusammenspiel unterschiedlichster wissenschaftlicher, gesellschaftlicher, politischer und wirtschaftlicher Disziplinen möglich. Es ist deshalb nicht verwunderlich und sogar gerechtfertigt, wenn auch die Staatsleitung auf diesen externen Sachverstand zurückgreift. Dies ist sogar ausdrücklich vorgesehen, da die Grundlage staatlicher Entscheidungen eine umfassende Aufklärung voraussetzt. Hingegen ist es nicht zwingend, dass staatliche Institutionen diese Expertise immer selbst vorweisen müssen, weshalb die Einbindung von Expert*innen möglich ist. Wie bereits ausgeführt, steht die tatsachenbasierte Wissenschaft mit der wertungsbezogenen Politik in einem Wechselverhältnis. Wenn aber diese Rollen nun aufweichen, hat das auch Auswirkungen auf die demokratische Entscheidungsfindung. Die auffälligste und gefährlichste Entwicklung kann weltweit beobachtet werden und offenbart sich im Bereich der Klimapolitik am deutlichsten: Wissenschaftliche Meinungen werden bezweifelt und diskreditiert, da man sie als Teil der politischen Diskussion begreift und ihnen deshalb abspricht, auf Tatsachen zu basieren. Es werden irrwitzige Gegendarstellungen veröffentlicht, Populist*innen geben sich als Wissenschaftler*innen aus, die sogar eigene »Wissenschaftsverlage« gründen, und wenn nichts mehr hilft, beruft man sich auf »alternative Fakten«.

Unglücklicherweise begünstigt die Staatsleitung diese Entwicklungen, indem auch sie Entscheidungen externalisiert und damit die

Legitimationsteilhabe des Volkes aus Art. 20 Abs. 2 GG an ihre Grenzen bringt. Ein besonders prägnantes Beispiel hierfür war die Einsetzung der Kohlekommission (»Kommission für Wachstum, Strukturwandel und Beschäftigung«). Sie sollte als extern eingesetzte Kommission eine Empfehlung für das Parlament erarbeiten, die einen gesamtgesellschaftlich getragenen Ausstieg aus der Kohleenergie umfasste, der dann auch nach mühsamen Verhandlungen vorgelegt wurde. Die Kommission bestand aus 28 stimmberechtigten Mitgliedern, darunter ehemalige Politiker*innen und Interessenvertreter*innen, zivilgesellschaftliche Akteure, Wissenschaftler*innen aus der Klimaforschung sowie Vertreter*innen der betroffenen Regionen. Allein diese Zusammensetzung macht deutlich, dass nicht die wissenschaftliche Expertise im Bereich der Kohleenergie im Vordergrund stand (denn nur sechs dieser Mitglieder waren tatsächlich Expert*innen), sondern ein gesellschaftlich akzeptierter Kompromiss zur Vermeidung von Protesten. Zu Anfang wurde diese Form der Einbindung vor allem sozialwissenschaftlich gefeiert und auch die Staatsleitung verkündete, dass man sich an diese Empfehlung halten wolle. Spätestens nachdem die Bundesregierung sich dann im Anschluss doch wieder von dem gefundenen Kompromiss distanzierte, waren Empörung und Kritik groß. Nüchtern betrachtet hätte man diesen Ausgang unter Beachtung der verfassungsrechtlichen Vorgaben voraussagen können. Denn eine externe Kommission, die einen gesellschaftlichen Konsens mit Vertreter*innen der beteiligten Interessengruppen findet, bringt schon keine Expertise ein, sondern nimmt die parlamentarische Kernaufgabe vorweg. Es war daher nicht zu erwarten, dass das Parlament diesen Konsens ändern würde. – Solche Empfehlungen erlangen eine faktische Verbindlichkeit, die nicht mit der Legitimationsteilhabe aus Art. 20 Abs. 2 GG vereinbar sind. Durch die Ablehnung des Konsenses allerdings distanziert sich die Bundesregierung von der – angeblich gerade nicht selbst zu erbringenden – »Expertenmeinung« und sorgt für weitere Frustration der betroffenen Öffentlichkeit. Es ist nicht zu erwarten, dass die Widerstände dagegen abnehmen werden, vielmehr wurde in unbeholfener und unnötiger Weise der Konflikt zwischen klimabedingten Kohlegegner und den unmittelbar betroffenen Menschen der Kohleregionen weiter geschürt.

Dieses Bespiel verdeutlicht, dass Externalisierung – vor allem im Bereich der Klimapolitik – nur eingesetzt werden darf, um der Staatsleitung eine Entscheidungsgrundlage zu bieten. Keinesfalls dürfen »Expert*innen« den gesellschaftlichen Konsens ausarbeiten – dies ist Uraufgabe des Parlamentes. Die Folgen sind wiederum absehbar: Die Legitimation wird geschwächt, das Volk fühlt sich nicht angemessen repräsentiert und entfernt sich von den staatlichen Institutionen und Entscheidungen.

Beschleunigung

Der letzte wichtige Lösungspfad der Klimapolitik ergibt sich aus der Dringlichkeit der Maßnahmen. Durch das fortgeschrittene Stadium der Klimakrise unterliegen staatliche Entscheidungen einem hohen zeitlichen Druck. Dass dieser mit der demokratischen Meinungsbildung kollidiert, wurde bereits aufgezeigt. Darüber hinaus wirkt sich eine Beschleunigung politischer Entscheidungsverfahren auch auf andere verfassungsrechtliche Herausforderungen aus.

Die Beschleunigung von Verwaltungsverfahren wird durch detaillierte Vorschriften auf der Umsetzungsebene vorangetrieben. In der Regel wird ein Beschleunigungsgrundsatz im jeweiligen Gesetz festgeschrieben: Das prominenteste Beispiel im Bereich der Energiewende ist das Netzausbaubeschleunigungsgesetz (NABEG). Es wurde 2011 erlassen und soll den beschleunigten Ausbau der Höchstspannungsleitung gewährleisten, der für die Umstellung des Energiesystems auf erneuerbare Energien eine Grundvoraussetzung ist. Maßgeblich wird diese Beschleunigung durch eine Konzentration von Zuständigkeit und Rechtsschutz erreicht. Denn der Netzausbau erfolgt durch Planfeststellung in unterschiedlichen Verfahren, weshalb eine Bündelung bei der Bundesnetzagentur vorgesehen wurde. Andererseits soll durch eine »Straffung« des Rechtsschutzes eine Kürzung der Verfahren ermöglicht werden. Grob zusammengefasst findet eine gerichtliche Kontrolle erst zu einem sehr späten Zeitpunkt des Verfahrens statt. Auch wenn diese Beschleunigung auf einer legitimen staatlichen Entscheidung zur Umsetzung von Klimamaßnahmen beruht, so wirkt sie sich dennoch erheblich auf die Öffentlichkeitsbeteiligung aus. Denn Teilhabe und Einbindung der Bürger*innen sind zwar weiterhin möglich und auch vorgesehen, aber mit der Hypothek belastet, deutlich weniger verbindlich zu sein. Die Folge sind Proteste gegen die geplanten Trassen, die im schlimmsten Fall sogar zu Verlängerungen der Verfahren führen, wenn Baumaßnahmen dadurch behindert werden. Mögliche Alternativen werden durch das Beteiligungsparadoxon erschwert, wonach die Beteiligungsbereitschaft erst dann einsetzt, wenn das Projekt auf der lokalen Ebene umgesetzt wird (NIMBY-Prinzip = »not in my Backyard«). Zu diesem Zeitpunkt lassen die Planungen aber keine Änderungen mehr zu, sodass eine Beteiligung wertlos wird. Verfassungsrechtliche Herausforderungen wie der Autoritätsverlust, die mangelnde Rückkopplung und Akzeptanzbereitschaft der Minderheiten finden ihr Ventil dann (ungerechtfertigterweise) im Sachthema. Die Klimamaßnahmen selbst werden degradiert und von den grundlegenden Problemen überlagert, was die Fronten bedauerlicherweise sogar noch zusätzlich verhärtet.

Diese Ambivalenz der Beschleunigung ist nur schwer zu beseitigen, denn beide Lösungspfade sind streng genommen nicht vereinbar. Ein Umdenken in diesem Bereich sollte ernsthaft erwogen werden. Mehr Transparenz, Aufklärung und Vertrauen in eine vernunftgeleitete demokratische Mehrheit könnte ein neuer Lösungsansatz sein.

Zusammenfassung

Die verfassungsrechtlichen Herausforderungen sind im Bereich der Klimapolitik immens und wirken sich auf die demokratisch-repräsentativen Grundfesten aus. Die dabei eingeschlagenen Lösungspfade begegnen diesen Herausforderungen häufig noch nicht angemessen und wirken teilweise sogar erschwerend. Widersprüche werden als ambivalentes staatliches Handeln aufgefasst, was zur Verunsicherung und Entfremdung auf Seiten der Öffentlichkeit führt. Der Kollateralschaden dieser Politik ist die Klimapolitik, an der sich die gesellschaftlichen Spannungen entladen. Zur Erreichung nachhaltiger Lösungen sollten die verfassungsrechtlichen Maßstäbe stärker in den Fokus der Diskussionen rücken. Denn diese können helfen bei der Frage, ob Lösungspfade überhaupt Lösungen oder vielmehr weitere Spannungen enthalten. So kann die Stärkung der Partizipation zwar sicher Defizite im demokratischen Verhältnis ausgleichen, manche Formen sind jedoch konträr zu verfassungsrechtlichen Prinzipien und bewirken sogar das Gegenteil.

Vergessen wird nicht selten der naheliegendste und effektivste Weg, die repräsentative Demokratie zu stärken: die Stärkung der gewählten Vertreter*innen. Das Parlament selbst sollte die Diskussionen um Klimamaßnahmen bestimmen und die nach transparenter und umfassender Abwägung getroffenen Mehrheitsentscheidungen konsequent vertreten. Diese Mehrheitsentscheidung auch selbstbewusst zu kommunizieren, ist heute nicht mehr selbstverständlich, da eine Fehlinterpretation des Minderheitenschutzes zu beobachten ist. Denn häufig werden Minderheiten und Minderheitsmeinungen synonym verwendet. Minderheiten genießen selbstverständlich einen besonderen Schutz im Grundgesetz, insbesondere durch Diskriminierungsverbote. Minderheitsmeinungen hingegen sind Teil des demokratischen Prinzips und können nur höchst ausnahmsweise eine Mehrheitsentscheidung beeinträchtigen. Dieser Grundsatz müsste der Öffentlichkeit wieder klarer vermittelt werden, um so auch in Erinnerung zu rufen, dass die Mehrheitsmeinung zu akzeptieren ist. Dafür ist es aber unerlässlich, seitens der Staatsleitung die unterschiedlichen Belange kritisch gegeneinander abzuwägen und nicht etwa zu externalisieren. In diesem Falle fühlt sich die Minderheit nicht angemessen berücksichtigt und der demokratische Konsens wird konterkariert.

Die Klimakrise legt diese Defizite schonungslos offen und führt zu den beschriebenen verfassungsrechtlichen Herausforderungen. Die

Kenntnis und das Vertrauen in das Grundgesetz sind sicher nicht das Allheilmittel für eine angemessene Klimapolitik – ein Fundament einer erfolgreichen Klimapolitik können sie allemal sein.

Literatur

Arendt, Hannah (1994): Was ist Autorität? In: Ludz, Ursula (Hrsg.), Zwischen Vergangenheit und Zukunft. Übungen im Politischen Denken I. München: Piper, S. 159–200.

Böckenförde, Ernst-Wolfgang (1987): Demokratische Willensbildung und Repräsentation. In: Isensee, Josef/Kirchhof, Paul (Hrsg.), Handbuch des Staatsrechts. Bd. II: Demokratische Willensbildung – Die Staatsorgane des Bundes. Heidelberg: C.F. Müller, S. 29–48.

Geßner, Laura/Zeccola, Marc (2019): Akzeptanzfaktoren in der Energiewende und ihre Übertragbarkeit in das Recht. In: Fraune, Cornelia/Gölz, Sebastian/Langer, Katharina (Hrsg.), Akzeptanz und politische Partizipation in der Energietransformation. Berlin: Springer, S. 133–159.

Habermas, Jürgen (2017): Technik und Wissenschaft als Ideologie. Berlin: Suhrkamp.

Kirchhof, Paul (2007): Mittel staatlichen Handelns. In: Isensee, Josef/Kirchhof, Paul (Hrsg.), Handbuch des Staatsrechts. Bd. V: Rechtsquellen, Organisation, Finanzen. 3. Aufl. Heidelberg: C.F. Müller, S. 3–132.

Voßkuhle, Andreas (2005): Sachverständige Beratung des Staates. In: Isensee, Josef/Kirchhof, Paul (Hrsg.), Handbuch des Staatsrechts, Bd. III: Demokratie – Bundesorgane. 3. Aufl. Heidelberg: C.F. Müller, S. 425–476.

Fazit

Daniela Winkler

Nicht nur die (im Beitrag von *Reinhard Zellner* beschriebenen) naturwissenschaftlichen Entwicklungen, auch die gesellschaftlichen Auswirkungen der Klimakrise sind hochkomplex. Zurechnungen sozialer Herausforderungen zu den klimawandelbedingten Veränderungen sind nicht immer leicht zu treffen. Dies belegt bereits *Joachim Oltmer* in seinem Beitrag zur Stellung der Umweltflüchtlinge. So ist nicht nur unklar, wer »Umweltflüchtling« ist; auch dessen rechtliche Stellung ist bislang ungeklärt. Und wie lässt sich nachweisen, dass Fluchtursache tatsächlich Auswirkungen der Klimakrise sind? Soziale Spannungen, die sich jetzt schon in den privilegierten westlichen Staaten zeigen, werden auf diese Weise weiter geschürt, soziale

Ungleichheiten weiter verstärkt: So betreffen die Auswirkungen der Klimakrise in erster Linie im globalen Süden ansässige Menschen und dort insbesondere Frauen.

In dieselbe Richtung zielt die Frage, wer für klimawandelbedingte Schäden bzw. notwendige Klimaanpassungsmaßnahmen (hierzu der Beitrag von *Philip Bubeck* und *Annegret Thieken*) zahlt. Auch hier erscheint eine Zurechnung schwierig, wenn nicht gar unmöglich. Größere Aufmerksamkeit hat die Klage eines peruanischen Bauern gegen RWE erhalten, der geltend macht, unmittelbar von Klimafolgeschäden betroffen zu sein. Er argumentiert, durch das Überlaufen eines Stausees (dieses bedingt durch das Abschmelzen der Gletscher) bedroht zu sein. Der Stausee liegt oberhalb seines Hauses, sodass nur die aufwändige Nachbesserung des Staudamms das Haus dauerhaft retten kann. Der Kleinbauer fordert zum Ausgleich der ihm entstehenden Kosten eine Entschädigung von RWE, dessen Anteil am weltweiten Klimawandel er mit 0,74 % beziffert. In zweiter Instanz entschied das OLG Hamm (zumindest), dass die Klage zulässig und schlüssig begründet ist. Die endgültige gerichtliche Entscheidung steht noch aus.

Neben derartigen zivilrechtlichen Streitigkeiten, in deren Mittelpunkt Schadensersatzforderungen aufgrund von klimarelevanten Schäden stehen, die schwierige Zuordnungsfragen aufwerfen, werden auch immer wieder Klagen von Privatleuten oder Nichtregierungsorganisationen gegen staatliche Entscheidungsträger erhoben: Zielsetzung ist dann zumeist die Anpassung der klimapolitischen Anstrengungen an völkerrechtliche Verpflichtungen. Eine in den Niederlanden erhobene »Gemeinwohlklage« endete im Dezember 2019 mit einer Entscheidung des »Hohen Rats der Niederlande«, welcher unter Bestätigung der Vorinstanzen die staatliche Verpflichtung bekräftigte, die Treibhausgasemissionen bis 2020 um 25 % gegenüber dem Vergleichswert von 1990 zu senken. Zur Begründung wurden neben der UN-Klimarahmenrechtskonvention auf Art. 2 und Art. 8 der Europäischen Menschenrechtskonvention verwiesen, welche das »Recht auf Leben« und das »Recht auf Achtung des Privat- und Familienlebens« verbürgen.

In Deutschland sind – aufgrund eines anderen Rechtssystems – entsprechende Klagen auf »mehr Klimaschutz« bislang nicht erfolgversprechend. Dies könnte das zurzeit geplante Europäische Klimagesetz ändern, welches auch entsprechende Klagemöglichkeiten vorsieht.

Der verstärkte Rückgriff auf Klimaklagen ist auch Folge der (unzureichenden) politischen Maßnahmen und offenbart eine Verschiebung im Gewaltenteilungsgefüge. Die dritte judikative Gewalt, der funktional (nur) die Kontrolle von Gubernative und Exekutive (sowie ausnahmsweise der Legislative) zugewiesen ist, gerät hierdurch in die Rolle des Politikgestalters. Es ist ein Rollentausch, wie wir ihn bereits bei den Diesel-Fahrverboten beobachten konnten (hierzu der Beitrag von *Marc Zeccola*).

Der Umgang mit der Klimakrise offenbart eine tiefe Zerrissenheit der Gesellschaft. Dieser Riss verläuft einerseits zwischen Befürwortern und Gegnern einer tiefgreifenden Klimaschutzpolitik, andererseits zwischen Politik und Gesellschaft. Während nur noch die wenigsten am menschengemachten Klimawandel grundsätzlich zweifeln, bleibt die Diskussion, wie weit staatliche Maßnahmen zur Abwendung der Klimakrise reichen dürfen. An dieser Frage lassen sich ganz prinzipielle politische Fragen nach dem Vertrauen in den Markt, das Verständnis von Liberalität und den Ausgleich individueller und sozialer Belange durchexerzieren. Überkommende Überzeugungen werden auf den – klimapolitischen – Prüfstand gestellt. Dies macht den politischen Kompromiss schwierig, wenn nicht unmöglich, zumal Zweifel bestehen können, ob eine nachhaltige Klimapolitik nicht mehr als einen ›Kompromiss‹ erfordert.

Zu beobachten ist auch ein Riss zwischen den Generationen. Gerade für jüngere Menschen werden die für die nächsten Jahrzehnte prognostizierten Klimafolgen zu einer realen Bedrohung, während »alte weiße Männer« zum narrativen Symbol der Klimaignoranz werden. Auch hier wird der Konflikt mit einer deutlichen Schärfe geführt. So führte ein vom WDR produziertes und vom WDR-Kinderchor aufgenommenes satirisches Kinderlied (»Meine Oma ist 'ne alte Umweltsau«) zu derartigen medialen Protesten, dass der

WDR-Intendant Tom Buhrow das Video löschen musste und sich sogar zu einer Entschuldigung genötigt fühlte.

Auch das Vertrauen in die politischen Entscheidungsträger nimmt ab. Die Beiträge im vorliegenden Band belegen, dass sowohl Entscheidungen auf der Verwaltungsebene als auch auf der Gesetzgebungsebene kritisiert, Zweifel an der Glaub- und Vertrauensfähigkeit der Entscheidungsträger genährt und Widerstände geübt werden. Dahinter steht ein Akzeptanzverlust, der sich aus verschiedenen Quellen speist: Wie die vorliegenden Beiträge gezeigt haben, sind dies vornehmlich Kommunikationsdefizite der politischen Entscheidungsträger, mangelnde Beteiligungsoptionen der Bürger und Klientelpolitik, die auch durch weitreichende Lobbyarbeit begünstigt wird (hierzu die Beiträge von *Maximilian Schiffers* und *Ortwin Renn*). Dabei ist der Akzeptanzverlust spiegelbildlich sowohl bei den Gruppen zu beobachten, denen der Klimaschutz zu weit geht, wie auch bei jenen, denen er nicht hinreichend erscheint.

Der hieraus resultierende Vertrauens- und Autoritätsverlust unserer demokratischen Ordnung wird im Aufkommen zivilgesellschaftlichen Widerstands gegen Entscheidungen spürbar. Nach John Rawls handelt es sich dabei um eine »öffentliche gewaltlose, gewissensbestimmte, aber politische gesetzwidrige Handlung, die gewöhnlich eine Änderung der Gesetze oder der Regierungspolitik herbeiführen soll.« (Rawls 1979, 401) Der zivile Ungehorsam widerspricht der Friedenspflicht des demokratischen Rechtsstaats. Seine Begründung kann er dennoch in der Verteidigung grundlegender Verfassungsprinzipien finden. Als solche benennt Art. 79 Abs. 3 GG (die sog. Ewigkeitsklausel des Grundgesetzes) Bundesstaatlichkeit, Rechtsstaatlichkeit, Sozialstaatlichkeit und Demokratie sowie die Garantie der Menschenwürde. Der Schutz vor einer Klimakrise wird hier nicht benannt, derartige Gefahren waren den Vätern und Müttern des Grundgesetzes jedoch auch noch nicht bekannt. Der Schutz der natürlichen Lebensgrundlagen wurde erst 1998 mit Art. 20a GG in das Grundgesetz eingeführt. Hiernach schützt der Staat »auch in Verantwortung für die künftigen Generationen die natürlichen Lebensgrundlagen ... im Rahmen der verfassungsmäßigen Ordnung« durch Gesetzgebung vollziehende

Gewalt und Rechtsprechung. Dennoch konnten die Beiträge im vorliegenden Band vergegenwärtigen, dass eine fortschreitende Klimakrise nicht nur die »natürlichen Lebensgrundlagen« berührt, sondern auch grundlegende Prinzipien unserer Verfassungsordnung wie Rechtsstaatlichkeit und Demokratie sowie das Grundrecht auf Leben und körperliche Unversehrtheit in Frage stellen kann.

Die Klimakrise ist in unserer Gegenwart angekommen und dort wird sie auf (un-)absehbare Zeit bleiben. Die Klimakrise ist nicht nur eine »technische« oder »wissenschaftliche« Herausforderung und sie ist keinesfalls ein Nischenthema. Der vorliegende Band konnte zeigen, dass die heraufziehende Krise immer auch (oder sogar in besonderem Maße) eine gesellschaftliche und politische Krise sein wird. Die Beiträge haben belegt, in welchem Maße unser politisch-soziales System herausgefordert wird; sie haben jedoch zugleich Problemanalysen und Lösungswege dargeboten. Diese gilt es zu nutzen, wenn unsere Gesellschaft vor der Krise als Ganzes bestehen will.

Literatur

Rawls, John (1979): Eine Theorie der Gerechtigkeit. Übers. v. Hermann Vetter. Frankfurt a. M.: Suhrkamp [orig.: A Theory of Justice, 1971].

Autorenverzeichnis

Philip Bubeck ist wissenschaftlicher Mitarbeiter am Institut für Umweltwissenschaften und Geographie an der Universität Potsdam. Er arbeitet schwerpunktmäßig zu den gesellschaftlichen Auswirkungen von Naturgefahren und des Klimawandels sowie zu möglichen Anpassungsmaßnahmen.

Jochen Oltmer, Dr. phil. habil., ist Apl.-Professor für Migrationsgeschichte und Mitglied des Vorstands des Instituts für Migrationsforschung und Interkulturelle Studien (IMIS) der Universität Osnabrück. Er arbeitet zu deutschen, europäischen und globalen Migrationsverhältnissen in Vergangenheit und Gegenwart.

Ortwin Renn ist wissenschaftlicher Direktor am Institut für Transformative Nachhaltigkeitsforschung (IASS) in Potsdam und Inhaber des Lehrstuhls »Technik- und Umweltsoziologie« an der Universität Stuttgart. Er leitet Forschungsprojekte zur Umsetzung der Energiewende, zu den globalen Bedrohungen durch systemische Risiken und zu den Auswirkungen der Digitalisierung auf die nachhaltige Entwicklung.

Maximilian Schiffers ist wissenschaftlicher Mitarbeiter an der NRW School of Governance am Institut für Politikwissenschaft der Universität Duisburg-Essen. Seine Forschungsschwerpunkte sind die Lobbying-, NGO- und Interessengruppenforschung sowie Public Policy und Governance in pluralistischen Politikfeldern.

Annegret H. Thieken ist Professorin für Geographie und Naturrisikenforschung an der Universität Potsdam. Ihre Forschungsschwerpunkte umfassen die Analyse und Abschätzung von Schäden und Risiken durch Hochwasser und Starkregen sowie die Bewertung von Vorsorge- und Anpassungsmaßnahmen.

Daniela Winkler ist Professorin für öffentliches Recht an der Universität Stuttgart und Leiterin des interdisziplinären Masterstudiengangs »Planung und Partizipation«. Ihr Forschungsschwerpunkt liegt im Bereich des Umwelt- und Energierechts, des Planungsrechts (Raum- und Fachplanung) sowie des Partizipationsrechts.

Marc Zeccola ist akademischer Mitarbeiter am Institut für VWL und Recht der Universität Stuttgart bei Prof. Winkler. Er forscht zum Öffentlichen Recht, wobei seine Schwerpunkte im Bereich des Partizipationsrechts, des Staatsrechts, des Umweltrechts und des Völkerrechts liegen.

Reinhard Zellner ist emeritierter Professor für Physikalische Chemie an der Universität Duisburg-Essen. Sein Forschungsschwerpunkt ist die Atmosphärenchemie im Zusammenhang mit Luftqualität, Klima und nachhaltigen Energiesystemen. Er war Initiator und Koordinator nationaler und internationaler Forschungsverbünde zur Erforschung des Ozonabbaus in der Stratosphäre und wissenschaftliches Mitglied von Enquete-Kommissionen des Deutschen Bundestages.